미션따라 중국어

Survival
현지생활편

저자 **이미선**

MS BOOKS

Contents

머리말 ... 004

추천평 ... 006

 PART 1 중국 현지에서 **서바이벌 중국어가 필요한 16가지 상황**

제 **01**과 식당에서 第01课 在餐厅里 ... **009**

제 **02**과 카페에서 第02课 在咖啡厅里 ... **029**

제 **03**과 택시에서 第03课 在出租车里 ... **045**

제 **04**과 도우미에게 일시키기 第04课 叫阿姨做家务 ... **061**

제 **05**과 물건 살 때 第05课 买东西时 ... **077**

제 **06**과 전화로 배달시키기 第06课 打电话订外卖 ... **093**

제 **07**과 마사지 갔을 때 第07课 去做按摩时 ... **111**

제 **08**과 중국선생님과 대화하기 第08课 跟中国老师谈话 ... **129**

제 **09**과 음식 주문 및 요리하기 第09课 点菜及做菜 ... **145**

제 **10**과 집수리 및 보수하기 第10课 房间维修 ... **161**

제 **11**과 병원에서 第11课 在医院里 ... **177**

제 **12**과 은행에서 第12课 在银行里 ... **193**

제 **13**과 자기소개하기 第13课 自我介绍 ... **209**

제 **14**과 택배 부치기 第14课 寄件物品 ... **227**

제 **15**과 학교 수속과 주문제작하기 第15课 学校手续和定做   **243**

제 **16**과 공항 및 호텔에서 第16课 在机场里及在酒店里   **259**

PART 2 보충설명으로 미션 다지기 부록편

부록 **1** 기본어법 (unit1~ unit15)   **277**

부록 **2** 형용사 & 동사 모음   **313**

해답편
패턴 그대로 따라하기 해답   **320**

미션체크 연습문제 해답   **324**

Prologue

"안녕하세요, meigui Li 입니다."

"안녕하세요 meigui Li 입니다."로 매일 중국에 있는 교민들에게 아침을 여는 위챗(중국의 카카오톡) 중국어 강사 메이꾸이 리, 이미선입니다.

한국에서는 차이나로 중국어학원 전임강사, JRC중국어학원 설립 파트너, JRC중국어 교재 편찬, 전임강사 및 첫 JRC 동영상 팀장으로 활동하다 2004년 남편을 따라 중국으로 와서 지금까지 중국에 거주하고 있습니다.

이 교재는 2013년 상하이에서 《서바이벌 중국어》라는 이름으로 제작되어 이미 중국에 있는 교민들에게는 널리 알려진 책입니다. 상하이화동사범대학에서 "在沪韩国太太学习汉语的教材适应性分析"(재상하이 한국아줌마 중국어 학습교재 실용성 분석) 라는 제목으로 이 책을 연구한 석사 논문도 쓰여진 바 있습니다.

처음 이 책을 만든 동기는 학습자의 요구와 필요성에 맞춘 실제적이고 실용적인 책을 써야겠다는 것이었습니다. 제가 오랜 기간 한국에서 중국어 강사로 활동하다 중국에 와서 느낀 것은 '중국어 학습자들에게 진정으로 필요한, 실제 중국 생활에 도움이 되는 학습서가 없구나' 였습니다.

과거에도 현재에도 한국의 중국어 교재 시장에 나온 책은 부지기수이지만 어떤 교재도 중국에서 실제 생활에 도움되는 책이 단 한 권도 없는 것이 이 책을 만든 큰 동기가 되었습니다.

물론 어떤 책이든 공부를 계속 하다 보면 언젠가 입이 트일 수는 있을 것입니다. 하지만 그렇게 하기까지 너무 오랜 시간이 걸립니다. 중국어로 입이 트이기까지 오래 걸리는 책들은 학습자들에게 좌절감만 느끼게 합니다. 밖에서 통하지 않는 우물 안 개구리식 책은 버리시길 바랍니다. 한마디를 배우더라도, 바로 응용이 가능한 책으로 공부하셔야 합니다. 정말로 중국에서 통하는 실제적인 중국어를 배우셔야 합니다. 중국말이 들리고 내말이 통해야 중국어가 주는 재미에 빠질 수 있습니다.

이 교재의 전체 구성을 보면, 실제 중국에서 서바이벌 중국어가 필요한 상황을 16과로 구분하였으며, 〈부록1〉은 중국어를 배울 때 도움을 받을 수 있는 기초 어법을 총 〈UNIT15〉로 쉽고 간단하게 정리하였습니다. 〈부록2〉는 레벨별 형용사와 동사를 주제별로 분류하여 정리하였습니다.

이 책의 가장 중요한 미션은 총 16과에 있는 〈서바이벌 문장 330〉구문을 외우는 것입니다. 330구문을 외우면 중국에서 생활하는데 문제가 없습니다. 미션수행을 돕기 위한 새 단어 설명과 패턴 따라하기, 미션 체크를 위한 연습문제와 실제 상황 회화가 있습니다. 그밖에 필요한 보충단어는 〈Word by Word〉에 관련 단어를 총망라해 두었습니다.

이 교재는 본인의 수 년 간의 강의 경력과 교재 제작의 경험 그리고 14년 간의 중국 주재 경험을 바탕으로 만들어진 책입니다. 중국 생활을 통해 직접 경험하고, 현지에서 많은 중국어 학습자들을 가르치면서 그들의 필요에 따라 만든 리얼 생존 중국어입니다. 중국어에 대한 자신감, 중국어 학습의 가장 빠른 길, 이제 《미션따라》 함께 시작합시다.

저자 이미선 (meigui Li)

Recommend

: 위챗 Wechat: 중국의 카카오톡 학습자들의 평가

"미션따라 중국어"는 공부가 아니다. 실전이다"

중국에서 살고 있는 한국인을 위한, 중국에 와본 적 없는 한국인을 위한, 현실감 100%의 실제 중국인들이 사용하는 어휘들로 만들어진 생존을 위한 실전 중국어 책입니다. 시작과 동시에 모든 말을 바로 써먹을 수 있어 말문이 터지게 되었어요. 이것이 이 책이 꼭 필요한 이유입니다.

Wechat ID: wxid_7s886tov40zq22

나는 실생활 중국어가 필요했다.

국내 어학 1위 책으로 중국어 공부를 시작했었습니다. 쉽고 재미는 있었으나 중국에서 생활하고 있는 저에겐 별로 도움이 되지 않았습니다. 중국에 있는 저에게는 그야말로 실생활 중국어가 필요했습니다.
그러다 지인에게 소개받아 접하게 된 《미션따라 중국어 - 서바이벌 현지 생활편》은 한마디도 못해 답답했던 중국생활에 자신감을 가져다 주었습니다. 책을 한 과 한 과씩 공부함과 동시에 음식점에서 주문도 하고 물건도 사러 다니고 택시도 혼자서 타며 점점 중국생활에 재미를 느껴가고 있습니다.

Wechat ID: scorpio1109

생활 중국어 책으로는 최고의 책

생활 중국어 책으로는 최고의 책입니다. 이렇게 자세히 생활 단어가 적힌 책은 처음이에요. 게다가 부록에 문법도 알아보기 쉽게 정리되어 있습니다. 서바이벌 현지생활 중국어를 배우고 중국말이 트인 터라 꼭 강추하고 싶습니다.

Wechat ID: 홍재원맘

문장들을 익힐 때마다 가슴이 뻥 뚫려요.

저는 한국서 기초중국어를 조금 배우다가 중국에 왔는데 정작 중국에서는 쓰이지 않는다는 걸 알았어요. 지나치게 정중한 인사법도, 음식점 예약할 때 사용하는 문장들도 너무 딱딱한 표현이라 이전에 공부한 것이 잘 통하지 않았습니다.
다른 분이 추천해 주셔서 이 교재를 보게 되었는데, 《서바이벌 현지 생활편》에서 제일 놀라웠던 점은 현지에서 필요한 문장과 단어가 거의 다 수록되어 있다는 것이었습니다. 마트 가서도 답답했었는데 여기 문장들을 익힐 때마다 가슴이 뻥 뚫리는 듯했습니다. 그리고 제일 많이 가게 되는 식당과 커피숍에서 제가 표현할 수 있는 문장을 배우니 꼭 써먹어 보게 되었습니다. 샷 추가. 스타벅스 여러 메뉴들. 훠궈 (샤브 샤브) 또는 식당의 각종 음식들, 적립카드, 안마할 때 신체부위 등등은 한국에서 배우는 책에는 찾아볼 수 없는 내용들이기에 중국 와서 더 즐겁게 공부하고 있습니다. 중국에서 실제로 사용하는 사람들에게는 꼭 필요한 중국어라는 점에서 이 책이 아니면 안된다고 생각합니다.

Wechat ID: icareia

한국에선 정말 뻔한 책들로 배웠었죠.

한국에선 이렇게 실시간 업데이트된 책은 없었습니다. 학원가도 정말 뻔한 책들로 배웠어요. 그 책으로 배워선 아무런 실력향상을 기대하긴 어렵다고 생각해요. 만일 제가 한국 있을 때 이 책으로 배웠더라면, 몇 달 동안 지루한 수업은 하지 않았을 것 같아요.《서바이벌 현지 생활편》에는 중국 현지에서 실생활에 사용 가능한 표현이 많아서 정말 재밌게 중국어 공부를 할 수 있어 좋았습니다.

Wechat ID: suji1405

다른 교재에서 배운 말이 통하지 않았어요.

중국 오기 전, 중국에서 직접 살아보지 않고 쓴 수많은 중국어 책을 봤어요. 생생~, 생존~을 붙인 많은 책 들을 사서 봤죠. 그러나 제가 중국에 와보니 그게 생생 중국어가 아님을 알았어요. 책에서 하는 말이 통하지 않았죠. 남편이《서바이벌 현지 생활편》중국어 교재를 처음보고, 이것만 알면 중국에서 살아가기 아무 문제 없겠다고 했는데, 실질적으로 정말 도움을 많이 받았어요. 음성파일도 듣고 따라 할 수 있도록 시간 차를 두어 제 말문을 트게 해 준 고마운 책입니다.

Wechat ID: suac90

현지에 도착 하자 마자 바로 필요한 책

현지에 도착 하자마자 바로 필요한 이 책! 문장 위주의 서바이벌 현지 생활 필수 표현들! 여행 책자 및 일반 중국어 책에 나오는 한계를 극복한 책입니다. 의식주, 그리고 병원, 마사지, 카페 등을 총망라한 중국 현지 생활 "필수 교재"입니다. 이런 책은 한국에서 여태껏 보지 못했어요. 빠른 현지 적응을 도와 준, 저에게 있어서는 정말 고마운 책입니다.
중국에 올 때 꼭 들고 와야 할《미션따라 중국어》! 배워도 쓸 일 없는 표현이 담긴 기존 책은 접어두고, 바로 쓸 수 있는 알짜 문장 표현과 실생활에 필요한 필수 단어가 담긴 이 책을 무조건 추천합니다.

Wechat ID: lucychoi333

쉽고 빠르게 중국어를 배우는 지름길

중국어를 공부하기 위해 이것저것 가입해서 들어봤지만, 너무 장황하고 범위가 넓어 배운 것들을 어떻게 활용해야 할 지도 몰랐는데,《미션따라 중국어 - 현지 생활편》으로 공부한 두 달 만에 중국인 친구도 저보고 말 많이 늘었다고 놀랄 정도로, 제가 말문을 틀 수 있도록 해 준 책입니다. 한국에서도 많은 분들이 이 책으로 시작한다면 쉽고 빠르게 중국어를 배우는 지름길이 될 것입니다.

Wechat ID: naturalsh

생생한 생활 안내서로써 최고의 책

호텔(Hotel)이라는 영어 단어 한마디도 안 통하는 중국. 식당, 택시, 상점 등의 장소에서 간단한 영어는 통하겠지 하는 건 저의 완전한 오산이었습니다. 유학생, 주재원, 거주자, 여행자…. 혹시 중국 방문을 계획하고 있다면 이 책을 꼭 추천하고 싶습니다. 단순히 중국어 회화가 아니라 생생한 생활 안내서로 최고의 책이라 생각합니다.

Wechat ID: ohnobear

"앗! 이걸 이렇게 쉽게 말할 수 있구나!"

10년 넘게 영어를 해도 말문이 트이지 않는 것처럼 중국어도 마찬가지인 것 같아요. 학원이나 학교를 다녀봐도 중국인들 앞에선 쉽게 입이 떨어지질 않았습니다.《미션따라 중국어 - 서바이벌 현지 생활편》은 실제 생활에서 누구나 쉽게 활용할 수 있는 문장과 상황에 따른 필수 문구와 단어들로 꽉꽉 채워져 있습니다. 저자인 이미선 선생님이 오랜 중국 생활을 바탕으로 쓰신 거라 아주 알차고 특히 중국에서 생활하시는 분들이라면 "앗! 이걸 이렇게 쉽게 말할 수 있구나!" 백배 공감하게 될 것입니다. 통통 튀는, 살아있는 중국어를 배우고자 하는 분들께 강추합니다.

Wechat ID: YM Lee

중국어를 재미있게 배우기에 좋은 책

일상생활에서 쓸 수 있는 말을 이렇게 상황별로 일목요연하게 쉽게 써놓은 책은 그 어디에서도 보지 못했습니다. 중국에 살면서도 아기 때문에 중국어 수업을 들을 수 없는 친구에게도 강추하며 선물한 책이기도 하구요. 중국 살 때는 일상생활을 위해 꼭 필요한 책이고, 한국에서는 중국어를 재미있게 배우기에 좋은 책이죠. 그리고 문법파트에서는 한국인이 헷갈려하는 문법이 머리에 쏙쏙 들어오게 쉽게 정리되어 있어서 원어민 수업에서 이해 못했던 부분을 시원하게 해결하기도 했답니다.

Wechat ID: jin0522

01

第一课　在餐厅里
식당에서

Survival Mission

Day 01 서바이벌 중국어 주요 미션

서바이벌과 떼려야 뗄 수 없는 것이 "먹는 문제" 입니다. 그렇기 때문에 첫날의 미션은 역시 식당에서 쓸 수 있는 표현 20문장을 통으로 외우기입니다.

주요 미션 수행 - 총 1시간

Step 1. 새로 나온 단어 훑어보기 (10분)
▼
Step 2. 패턴 따라하기 (10분)
▼
Step 3. MP3 들으며 20문장 통으로 외우기 (30분)
▼
Step 4. 연습문제로 확인 (10분)

미션 보충 공부

서바이벌 실전회화 ABC : 실제 상황 속 회화 읽어보기

Word by Word : 음식점과 관련한 다양한 단어 찾아보기

01 第一课 在餐厅里 식당에서

Step 1 새로 나온 단어 맛보기

	한자	병음	뜻	예문
1	满	mǎn	가득차다.	已经坐满了。 Yǐjīng zuòmǎnle. 이미 (자리가) 다 찼어요.
2	需要	xūyào	필요하다.	需要什么? Xūyào shénme? 무엇이 필요하신가요?
3	套	tào	세트	有没有套餐? Yǒuméiyǒu tàocān? 세트음식 있어요 없어요?
4	餐具	cānjù	식기, 식기도구	加一套餐具。 Jiā yítào cānjù. 식기 한 세트 더 주세요.
5	双	shuāng	짝, 켤레	要一双筷子。 Yào yìshuāng kuàizi. 젓가락이 필요합니다.
6	筷子	kuàizi	젓가락	还要一双筷子。 Háiyào yìshuāng kuàizi 젓가락이 더 필요합니다.
7	掉	diào	떨어뜨리다.	孩子的筷子掉了。 Háizidekuàizi diàole. 아기 젓가락이 떨어졌어요.
8	忌口	jìkǒu	음식을 가려먹다.	有没有忌口的? Yǒuméiyǒu jìkǒude? 가려먹는 것이 있어요?
9	放	fàng	두다. 놓다. 넣다.	少放盐(yán:소금)。 Shǎofàng yán. 소금을 적게 넣어주세요.

	한자	병음	뜻	예문
10	成	chéng	10%	几成熟? (= 几分fēn熟?) Jǐchéngshóu? 몇 프로(얼마나) 익혀 드릴까요?
11	熟	shóu, shú	익숙하다. 익다.	九成熟。 Jiǔchéngshóu. 90% 익혀주세요.
12	推荐	tuījiàn	추천하다.	可以推荐吗? Kěyǐ tuījiànma? 추천해 주실 수 있나요?
13	够	gòu	충분하다.	一个就够了。 Yíge jiùgòule. 한 개면 충분해요.
14	好像	hǎoxiàng	~ 인 것 같다.	好像够了。 Hǎoxiàng gòule. 충분한 것 같아요.
15	齐	qí	완전하게되다.	上齐了。 Shàngqíle. 모두 다 나왔습니다.
16	催	cuī	재촉하다. 다그치다	你去催一下。 Nǐ qù cuīyíxià. 당신이 가서 재촉해 주세요.
17	取消	qǔxiāo	취소하다	可不可以取消? Kěbukěyǐ qǔxiāo? 취소 할 수 있어요?
18	打包	dǎbāo	포장하다. 싸다.	打包一下。 Dǎbāoyíxià. 포장해 주세요.
19	开发票	kāifāpiào	영수증을 발행하다.	给我开发票。 Gěiwǒ kāifāpiào. 저에게 영수증을 끊어주세요.
20	刷卡	shuākǎ	카드를 긁다.	能不能刷卡? Néngbunéng shuākǎ? 카드를 긁을 수 있을까요?
21	优惠券	yōuhuìquàn	쿠폰	我有优惠券。 Wǒ yǒu yōuhuìquàn. 저는 쿠폰이 있어요.

Step 2 패턴 그대로 따라하기

1. ~ 够不够? / ~ 行不行? ~하기에 충분해? / ~하는 게 되니?
~ gòubugòu? / ~ xíngbuxíng?

평서문 뒤에 붙여서 상대방의 의견을 물어볼 때 사용. 이 밖에도 : 좋아 안좋아? (好不好？) / 되니 안되니? (可不可以？) 등의 표현도 있다.

- ☐ 点这么多, 够不够?　　Diǎn zhèmeduō, gòubugòu?　　이 정도 시키면 충분합니까?
- ☐ 我买这么多, 够不够?　　Wǒ mǎi zhèmeduō, gòubugòu?　　제가 이 정도 사면 충분합니까?
- ☐ 这么说, 行不行?　　Zhèmeshuō, xíngbuxíng?　　이렇게 말하면, 돼요 안돼요?
- ☐ 这么写, 行不行?　　Zhèmexiě, xíngbuxíng?　　이렇게 쓰면, 돼요 안돼요?

练习题 이렇게 하면 돼요 안돼요? _____

2. 坐满了 / 上齐了 / 吃完了 자리가 다 찼다 / (주문한 거) 다 나왔다 / 다 먹었다
zuòmǎnle / shàngqíle / chīwánle

동사+[◎:결과를 보충하는 단어] 이를 결과보어라 한다. (부록1- 기본어법 unit 9 결과보어 참고)

- ☐ 放满了。　　Fàngmǎnle.　　충분히 담았다.
- ☐ 到齐了。　　Dàoqíle.　　모두 도착했다.
- ☐ 洗完了。　　Xǐwánle.　　다 씻었다.

练习题 등록한 학생이 모두 다 도착했다. _____

참고 报名 [bàomíng] : 등록하다.

3. 快 ~ 了 곧 ~할 것이다
Kuài ~ le

이 형태를 미래 임박태 라 한다. 快要 ~ 了。 就要 ~ 了。 要 ~ 了。 이 모두가 "곧 ~ 할 것이다."라는 뜻을 갖는다. 단지, 구체적인 시간이 나올 때는 "就要 ~ 了"를 쓴다. 예) 그가 내일이면 곧 올 것이다. 他明天就要来了。

DAY 01 Mission

☐ 快吃完了。　　　　　Kuàichīwánle.　　　　　곧 다 먹어 갑니다.
☐ 快上齐了。　　　　　Kuàishàngqíle.　　　　곧 다 올라올 거예요.
☐ 快坐满了。　　　　　Kuàizuòmǎnle.　　　　(좌석이) 곧 다 찰 것 입니다.

练习题 곧 방학이다. _____

참고 放假 [fàngjià] : 방학하다.

4. 韩国人喜欢的菜　　한국 사람이 좋아 하는 음식
Hánguórén xǐhuānde cài

~것, ~의, ~한 : "的" - 중국어의 "的" 는 명사를 꾸며주는 수식어를 만들 때 필요한 조사. 그 외에 "~것" 이라는 뜻으로 명사화시킬 때도 사용한다. 예) 내 것 我的, 좋은 것 好的 , 엄마가 산 것 妈妈买的, 엄마가 산 책 妈妈买的书, 매우 좋은 책 很好的书

☐ 我要的　　　　　　Wǒyàode　　　　　　　제가 원하는 것
☐ 我要的东西　　　　Wǒyàodedōngxi　　　　제가 원하는 물건
☐ 我要买的东西　　　Wǒyàomǎide dōngxi　　제가 사려고 하는 물건
☐ 我要吃的东西　　　Wǒyàochīde dōngxi　　 제가 먹으려고 하는 것

练习题 네가 찾는 물건이 도대체 무엇이니? _____

참고 到底 [dàodǐ] : 도대체

5. 还没~ 就~吧!　　아직 ~ 하지 않았으면 ~ 해라!
háiméi~ jiù ~ ba!

"아직 ~ 하지 않았다"는 还没~, "~라면, ~면" 은 ~就…, "~해라" 라는 명령의 어기조사 ~吧 !

☐ 你还没走就来看看吧!　　Nǐ háiméizǒu jiù láikànkanba !　　당신이 아직 가지 않았으면 와서 좀 봐보세요.
☐ 还没做, 明天就再做吧!　　Háiméizuò, míngtiān jiù zàizuòba !　　아직 만들지 않았다면 내일 다시 만드세요.
☐ 还没做就算吧!　　Háiméizuò jiù suànba!　　아직 만들지 않았으면 됐네요.

练习题 너 아직 사지 않았으면 내일 나랑 같이 사러 가자, 어때? _____

Step 3 서바이벌 문장 330

🔊 **MP3** 001

001 已经坐满了，需要等一下。
Yǐjīng zuòmǎnle, xūyào děngyíxià.

002 要多长时间？
Yào duōchángshíjiān?

003 服务员，请给我菜单。
Fúwùyuán, qǐnggěiwǒ càidān.

004 少一套餐具，再拿一套吧。
Shǎo yítào cānjù, zài ná yítàoba.

005 孩子的筷子掉了，再拿一双。
Háizi de kuàizi diàole, zài ná yìshuāng.

해석

001. 이미 자리가 다 찼습니다. 기다리셔야 합니다.
002. 얼마나 걸려요?
003. 저기요, 메뉴판 갖다 주세요.
004. 식기세트 하나가 모자라네요. 하나 더 갖다 주세요.
005. 아기 젓가락이 떨어졌어요. 하나 더 갖다 주세요.

DAY 01 Mission

006 有没有忌口的?
Yǒuméiyǒu jìkǒude?

007 不要放香菜。
Búyào fàng xiāngcài.

008 肉要几成熟?（=几分）
Ròu yào jǐchéng shóu? (=jǐfēn)

009 八成熟。
Bāchéng shóu.

010 你能给我们推荐韩国人喜欢的菜吗?
Nǐ néng gěi wǒmen tuījiàn Hánguórén xǐhuāndecài ma?

해석

006. 가려먹는 음식이 있습니까?
007. 향채(고수)는 넣지 말아주세요.
008. 고기는 얼마나 익힐까요? (몇 십 프로)
009. 80% 익혀주세요.
010. 당신은 우리에게 한국인이 좋아하는 음식을 추천할 수 있어요?

step 3 서바이벌 문장 330

🔊 **MP3** 002

011 点这么多够不够?
Diǎn zhèmeduō gòubugòu?

012 好像够了。
Hǎoxiàng gòule.

013 你们的菜都上齐了。
Nǐmen de cài dōu shàngqíle

014 我们快吃完了，你去催一下。
Wǒmen kuài chīwán le, nǐ qù cuīyíxià.

015 你们还没做的话，能不能取消?
Nǐmen háiméizuò de huà, néngbunéng qǔxiāo?

해석

011. 이정도 시키면 충분합니까?
012. 충분한 것 같아요.
013. 당신의 요리가 다 나왔습니다.
014. 우리 다 먹어 가요. 빨리 좀 달라고 해주세요.
015. 아직 만들지 않았으면 취소할 수 있을까요?

DAY 01 Mission

016 这个菜打包一下。
Zhègecài dǎbāoyíxià.

017 买单，开发票。
Mǎidān, kāifāpiào.

018 开个人还是公司？
Kāi gèrén háishì gōngsī?

019 可以刷卡吗？
Kěyǐ shuākǎ ma?

020 我能用这个优惠券吗？
Wǒ néng yòng zhège yōuhuìquàn ma?

해석

016. 이 음식 좀 싸주세요.
017. 계산해 주세요. 영수증 발행해 주시구요.
018. (영수증은)개인으로 끊어요, 아님 회사로 끊어요?
019. 카드 긁을 수 있어요?
020. 이 쿠폰 사용할 수 있어요?

Step 4 미션 체크 연습문제

1. 다음 단어의 한어병음을 넣어 보세오. 중요 단어 쓰기

   1) 피하는 음식　_____

   2) 추천하다.　_____

   3) 재촉하다.　_____

   4) 전부 다 나왔습니다.　_____

   5) 필요하다.　_____

2. 다음 빈 칸을 채우세요. 중요 패턴 확인

   1) ~ 인 것 같아요.　_____

      ① 좀 싱거운 것 같아요. (싱겁다 淡 dàn)　_____

      ② 좀 이상한 것 같아요. (이상하다 奇怪 qíguài)　_____

   2) 곧 ~ 일 것이다.　_____

      ① 곧 다 먹어간다.　_____

      ② 곧 도착할 것이다.　_____

   3) 이렇게 많아?　_____

      ① 이렇게 많이 주문하다.　_____

      ② 이렇게 많이 준비하다. (준비하다 准备 zhǔnbèi)　_____

DAY 01 Mission

3. 아래 단어를 참고하여 다음 단어 괄호 안에 병음을 넣으세요. 중요 단어 풀이

单 (_____) 套 (_____) 掉 (_____) 取 (_____) 够 (_____)
계산서   세트   떨어뜨리다   취하다, 찾다   충분하다
买单 계산하다   套餐 세트메뉴 吃掉 먹어버리다 取消 취소하다 够不够? 충분하니?

4. 아래 빈 칸을 채우세요. 중요 문장 쓰기

1) 이미 자리가 다 차서 기다리셔야 합니다.

   已经坐_____了, 需要等一下。

2) 식기도구 한 세트 부족합니다. 다시 한 세트 갖다주세요.

   _____一套餐具, 再拿一套。

3) 우리 곧 다 먹어 가는데 당신이 가서 재촉 좀 해주세요.

   我们_____吃完了, 你去催一下。

4) 당신이 아직 만들지 않았다면 취소할 수 있나요?

   你们还没做_____, 能不能取消?

5) 충분한 것 같습니다.

   _____够了。

6) 이 정도 시키면 충분해요?

   点_____, 够不够?

서바이벌 실전 회화

第一课 在餐厅里
식당에서

🔊 **MP3** 003

- 预订 yùdìng 예약하다.
- 菜单 càidān 메뉴판
- 一起上 yìqǐshàng 함께 올려주세요.
- 催 cuī 재촉하다.
- 稍等 shāoděng 잠깐 기다리세요.
- 上齐了 shàngqíle 다 나왔습니다.
- 慢用 mànyòng 천천히 드세요.

A 欢迎光临！有没有预订？
Huānyíngguānglín, yǒuméiyǒuyùdìng?

B 没有。
Méiyǒu.

A 几位？
Jǐwèi?

B 五位。
Wǔwèi.

B 服务员，给我菜单。
Fúwùyuán, gěiwǒ càidān.

我们要一个蒜蓉油麦菜，京酱肉丝，鱼香茄子煲，
Wǒmen yào yíge suànróngyóumàicài, jīngjiàngròusī, yúxiāngqiézibāo,

铁板黑椒牛柳，宫保鸡丁，干炒牛河和两碗米饭。
tiěbǎnhēijiāoniúliǔ, gōngbǎojīdīng, gānchǎoniúhé hé liǎngwǎnmǐfàn.

*음식 설명은 1과 마지막 페이지의 p26 참고

B 服务员，米饭跟菜一起上，好吗？
Fúwùyuán, mǐfàngēncàiyìqǐshàng, hǎoma?

B 我们点的宫保鸡丁还没上。
Wǒmendiǎnde gōngbǎojīdīng háiméishàng.

你去催一下，好吗？
Nǐqùcuīyíxià, hǎoma?

A 稍等一下，马上就好了。
Shāoděngyíxià, mǎshàng jiù hǎole.

A 你们的菜都上齐了，请慢用。
Nǐmendecài dōu shàngqíle, qǐngmànyòng.

B 服务员，买单吧。
Fúwùyuán, mǎidānba.

해석

A: 어서 오세요! 예약하셨어요?
B: 아뇨.
A: 몇 분 이세요?
B: 5명이요.
B: 저기요 메뉴판 좀 가져다 주세요.
   우리는 마늘 유맥채 볶음, 북경장 돼지고기 볶음, 가지 볶음, 철판쇠고기,
   땅콩 매운 닭볶음, 쇠고기 간장 볶음면, 밥 두 공기 주세요.
B: 저기요, 밥은 음식이랑 같이 가져다 주세요.
B: 우리가 시킨 닭볶음이 아직 안 나왔어요.
   재촉 좀 해주세요.
A: 잠시 기다리세요. 곧 됩니다.
A: 여기 시킨 음식이 다 나왔습니다. 천천히 드세요.
B: 저기요, 계산이요.

Word by Word Day 01

- 식당과 관련된 단어
- 맛과 관련한 단어
- 조미와 관련한 단어
- 한국인이 좋아하는 중국요리
- 브런치와 관련한 단어

◆ 식당과 관련된 단어 ◆

菜单	càidān	메뉴판	擦	cā	닦다
餐巾纸	cānjīnzhǐ	냅킨	收(拾)	shōu(shi)	치우다
湿巾	shījīn	물티슈	撤走	chèzǒu	가져가다
勺儿	sháor	숟가락	换	huàn	바꾸다
汤勺	tāngsháo	국자	退	tuì	무르다
饭勺	fànsháo	주걱	催	cuī	재촉하다
小勺	xiǎosháo	작은 숟가락	还没上	háiméishàng	아직 나오지 않다
叉子	chāzi	포크	上齐了	shàngqíle	전부 나왔다
筷子	kuàizi	젓가락	凉了	liángle	식었다
盘子	pánzi	접시	干了	gānle	마르게 되었다
空碗	kōngwǎn	빈 공기	打包	dǎbāo	포장하다
杯子	bēizi	컵	买单	mǎidān	계산하다
餐具	cānjù	식기	开发票	kāifāpiào	영수증을 발행하다
壶	hú	주전자	小票	xiǎopiào	간이영수증
餐桌	cānzhuō	식탁	个人	gèrén	개인
椅子	yǐzi	의자	单位	dānwèi	단체
预订(定)	yùdìng	예약하다	吸烟区	xīyānqū	흡연구역
有座位	yǒuzuòwèi	자리가 있다	无烟区	wúyānqū	금연구역

◆ 맛과 관련된 단어 ◆

味道	wèidao	맛
好吃	hǎochī	맛있다
马马虎虎	mǎmǎhūhū	그저 그렇다
还可以	háikěyǐ	그런대로 괜찮다
还行	háixíng	그런대로 괜찮다
合口味	hékǒuwèi	입맛에 맞다
胃口	wèikǒu	식욕
地道	dìdao	본고장의, 진짜의

辣	là	맵다
酸	suān	시다
甜	tián	달다
咸	xián	짜다
淡	dàn	싱겁다
苦	kǔ	쓰다
奇怪	qíguài	이상하다
坏了	huàile	상했다

◆ 조미와 관련된 단어 ◆

调味料	tiáowèiliào	조미료
糖	táng	설탕
盐	yán	소금
醋	cù	식초
酱油	jiàngyóu	간장
辣椒酱	làjiāojiàng	고추장
辣椒粉	làjiāofěn	고춧가루
胡椒粉	hújiāofěn	후춧가루
香油	xiāngyóu	참기름

芝麻	zhīma	참깨
番茄酱	fānqiéjiàng	케찹
味精	wèijīng	인공감미료
姜	jiāng	생강
姜片	jiāngpiàn	생강편
姜丝	jiāngsī	생강채
蒜头(大蒜)	suàntou(dàsuàn)	마늘
蒜片	suànpiàn	마늘편
蒜末	suànmò	다진마늘

◆ 한국인이 좋아하는 중국요리 ◆

凉菜*	拍黄瓜	pāihuángguā	생오이를 칼로 쳐서 무친 요리
	皮蛋豆腐	pídàndòufu	삭힌 계란을 연두부에 얹은 요리
	凉拌海蜇头	liángbànhǎizhétóu	해파리 무침
	凉拌木耳	liángbànmù'ěr	목이버섯 무침
青菜*	蒜蓉油麦菜	suànróngyóumàicài	다진 마늘을 넣은 유맥채
	辣炒空心菜	làchǎokōngxīncài	맵게 볶은 모닝글로리
	干煸四季豆	gānbiānsìjìdòu	사계두를 바싹 튀겨 볶은 요리
	鱼香茄子(煲)	yúxiāngqiézi (bāo)	매콤 달콤하게 볶은 가지 요리(뚝배기)
肉菜*	宫保鸡丁	gōngbǎojīdīng	고추랑 땅콩을 넣은 닭고기 볶음
	重庆辣子鸡	Chóngqìnglàzijī	고추를 듬북, 잘게 썬 닭고기 튀김을 볶은 요리
	铁板黑椒牛柳	tiěbǎnhēijiāoniúliǔ	철판 소고기 볶음
	糖醋里脊	tángcùlǐji	탕수안심
	鱼香肉丝	yúxiāngròusī	돼지고기를 사천식 양념장에 볶은 요리
	麻婆豆腐	mápódòufu	마파두부
	XO酱炒鱿鱼	XO jiàngchǎoyóuyú	XO장에 볶은 오징어 요리
	宫保虾仁	gōngbǎoxiārén	고추랑 땅콩을 넣은 새우 볶음
主食*	炒饭*	chǎofàn	볶음밥
	牛肉面	niúròumiàn	우육면
	炒面	chǎomiàn	볶음면
	干炒牛河	gānchǎoniúhé	쇠고기, 부추 및 계란을 넣은 굵고 납작한 면볶음
	担担面	dàndànmiàn	땅콩소스가 들어간 사천식 무침면

◆ 아침(브런치)과 관련된 단어 ◆

早午餐	zǎowǔcān	브런치	热狗	règǒu	핫도그
套餐	tàocān	세트메뉴	香肠	xiāngcháng	소시지
面包	miànbāo	빵	培根	péigēn	베이컨
含咖啡	hánkāfēi	커피를 포함하다	黄油	huángyóu	버터
三明治	sānmíngzhì	샌드위치	荷包蛋	hébāodàn	계란후라이
汉堡	hànbǎo	햄버거	单面煎	dānmiànjiān	단면 후라이
炸薯条	zháshǔtiáo	프렌치후라이	双面老	shuāngmiànlǎo	양면 후라이
牛角包	niújiǎobāo	크로와상	水煮(蒸)蛋	shuǐzhǔ(zhēng)dàn	찐계란

보충설명*

중국음식을 크게 나누면, 차가운 요리, 야채요리, 고기요리 및 해산물요리 그리고 주식으로 나눌 수 있다.

차가운 요리는 凉菜 [liángcài], 야채요리는 青菜 [qīngcài], 고기요리는 肉菜 [ròucài], 해산물은 海鲜 [hǎixiān], 주식은 主食 [zhǔshí] 라고 한다. 주식 중 볶음밥 [炒饭 chǎofàn]이 있는데 그 종류 역시 다양하다.

- 蛋炒饭 dànchǎofàn 계란볶음밥
- 虾仁炒饭 xiārénchǎofàn 새우볶음밥
- 扬州炒饭 yángzhōuchǎofàn 양주볶음밥 (햄과 각종 야채가 들어감)
- 福建炒饭 fújiànchǎofàn 복건볶음밥 (소스를 얹음)

중국의 음식 이름

서바이벌 실전 회화 ABC "在餐厅里"에서 나오는 음식들의 사진을 보면서 음식 이름을 익혀보자.

蒜蓉油麦菜
suànróng yóumàicài : 다진 마늘을 넣은 유맥채 볶음

- 蒜 suàn 마늘
- 蒜蓉 suànróng 간 마늘
- 油麦菜 yóumàicài 상추, 얼갈이배추와 비슷한 중국야채

京酱肉丝
jīngjiàngròusī : 춘장(북경장)을 넣어 볶은 채 썬 돼지고기를 전병(또는 두부피 등)에 파채를 넣고 함께 싸먹음

- 京 jīng 북경
- 酱 jiàng 장 (소스)
- 肉丝 ròusī 채썬 고기

鱼香茄子煲
yúxiāngqiézibāo : 가지를 사천 소스에 볶아 뚝배기에 나오는 요리

- 鱼香 yúxiāng 사천소스가 들어간 음식에 붙임
- 茄子 qiézi 가지
- 煲 bāo 뚝배기

铁板黑椒牛柳
tiěbǎnhēijiāoniúliǔ : 쇠고기 안심을 소스(+후추)에 볶아서 철판에 나오는 요리

- 铁板 tiěbǎn 철판
- 黑椒 hēijiāo 후추
- 牛柳 niúliǔ 안심

宫保鸡丁
gōngbǎojīdīng : 마른 고추와 땅콩을 넣어 볶은 닭고기 요리

- 宫保 gōngbǎo 꽁바오가 붙은 요리는 마른고추, 땅콩이 들어간다.
- 鸡 jī 닭고기
- 丁 dīng 엄지손가락 반 만한 크기

干炒牛河
gānchǎoniúhé : 넓은 쌀국수면을 간장과 볶은 면요리

- 干炒 gānchǎo 바싹 볶음
- 牛 niú 쇠고기
- 河 hé 쌀국수(河粉 héfěn)의 줄임말

메모

02

第二课 在咖啡厅里
카페에서

Survival Mission

Day 02 서바이벌 중국어 주요 미션

중국에서 어쩌면 식당보다도 더 자주 가게 될 공간이 카페나 음료 파는 곳일 것입니다. 서바이벌 중국어 이틀째 미션은 카페에서 자주 듣게 될 또는 말하게 될 문장 20개를 통으로 외워 보기입니다.

주요 미션 수행 - 총 1시간

Step 1. 새로 나온 단어 훑어보기 (10분)

▼

Step 2. 패턴 따라하기 (10분)

Step 3. MP3 들으며 20문장 통으로 외우기 (30분)

Step 4. 연습문제로 확인 (10분)

미션 보충 공부

서바이벌 실전회화 ABC : 실제 상황 속 회화 읽어보기

Word by Word : 카페 및 음료와 관련한 다양한 단어 찾아보기

02 第二课 在咖啡厅里 카페에서

Step 1 새로 나온 단어 맛보기

#	한자	발음	뜻	예문
1	饮料	yǐnliào	음료수	我要冷饮。 Wǒ yào lěngyǐn. 저는 차가운 음료를 원합니다.
2	壶	hú	주전자	来一壶绿茶。 Lái yìhú lǜchá. 녹차 한 주전자 주세요.
3	收费	shōufèi	유료	这是收费的吗? Zhè shì shōufèide ma? 이것은 유료입니까?
4	拿铁	nátiě	라떼	我要一杯拿铁。 Wǒ yào yìbēi nátiě. 저는 라떼 한 잔 주세요.
5	脱脂	tuōzhī	탈지(지방을 제거한)	放脱脂奶,好吗? Fàng tuōzhīnǎi, hǎoma? 저지방 우유를 넣어주시겠어요?
6	甜品	tiánpǐn	달콤한 간식, 디저트	我不要甜品。 Wǒ búyào tiánpǐn. 저는 디저트는 필요하지 않습니다.
7	刷卡	shuākǎ	카드를 긁다.	刷牙 / 刷洗 shuāyá / shuāxǐ 양치질하다 / 솔질해서 닦다
8	奶油	nǎiyóu	크림, 버터	我不要奶油。 Wǒ búyào nǎiyóu. 저는 크림 싫어요.

	한자	발음	뜻	예문
9	巧克力	qiǎokèlì	초콜릿	我喜欢巧克力蛋糕。 Wǒ xǐhuān qiǎokèlì dàngāo. 저는 초콜릿 케이크를 좋아합니다.
10	冰块儿	bīngkuàir	얼음	里面放冰块儿。 Lǐmiàn fàng bīngkuàir. 얼음을 넣어 주세요.
11	零钱	língqián	잔돈	有没有零钱? Yǒuméiyǒu língqián? 잔돈이 있습니까?
12	热水	rèshuǐ	뜨거운 물	来杯热水。 Lái bēi rèshuǐ. 뜨거운 물 한 잔 주세요.
13	无线密码	wúxiànmìmǎ	와이파이 비밀번호	无线密码是多少? Wúxiàn mìmǎ shì duōshǎo? 와이파이 비밀번호가 어떻게 되죠?
14	续杯	xùbēi	리필하다.	可不可以续杯? Kěbukěyǐ xùbēi? 리필되나요?
15	免费	miǎnfèi	무료	免费领票! Miǎnfèi lǐngpiào! 무료로 표를 가져가세요.
16	办卡	bànkǎ	카드를 만들다.	要办一张会员卡。 Yào bàn yìzhāng huìyuánkǎ. 회원카드 한 장을 만들려고 합니다.
17	优惠	yōuhuì	혜택	有什么优惠? Yǒu shénme yōuhuì? 어떤 혜택이 있죠?
18	积分	jīfēn	포인트를 적립하다. 적립	卡里有多少积分? Kǎli yǒu duōshǎo jīfēn? 카드에 적립 포인트가 얼마나 있습니까?
19	倒	dào	붓다. 따르다. 쏟다.	倒茶 / 倒垃圾 dàochá / dàolājī 차를 따르다 / 쓰레기를 버리다

Step 2 패턴 그대로 따라하기

1. 按～V ～에 따라 V하다.
àn ~ V

按 àn : 기준에 따라. 이외에 다른 개사(전치사)도 보면, 替 [tì] : ~를 대신하여 , 为了~ [wèile] : ~를 위해서, 除了~以外 [chúle~yǐwài-] : ~를 제외하고, 등등이 있다. (부록1- 기본어법 unit3 개사 참고)

- 按位收费。　　　　　　Ànwèi shōufèi.　　　　　　　몇 분인지에 따라 돈을 받는다.
- 我替他去超市买东西。　Wǒ tìtā qù chāoshì mǎidōngxi.　나는 그를 대신하여 슈퍼에 가서 물건을 산다.
- 我为他去买药。　　　　Wǒ wèitā qù mǎiyào.　　　　　나는 그를 위하여 약을 산다.
- 除了他以外,都来上课。Chúle tā yǐwài, dōuláishàngkè.　그를 제외하고 모두 와서 수업을 한다.

练习题 키에 따라 줄을 서요. _____

참고 排队 [páiduì] : 줄을 서다.

2. 找我20块 저에게 20원을 거슬러 주세요.
zhǎowǒ èrshíkuài

找 는 "거슬러 주다"의 뜻으로 쓰일 때는 [쌍빈어 = 이중목적어]를 가져오는 형태를 갖는다. (부록1- 기본어법 unit8 쌍빈어 동사 참고) 쌍빈어를 갖는 그 외의 동사는 给 [gěi], 告诉 [gàosu], 教 [jiāo]등등이 있다.

- 给我找20块。(X) → 找 我 20块。(o) Zhǎowǒ èrshíkuài.　나에게 20원을 거슬러 줘라.
- 告诉我他的秘密 [mìmì]。　　　　　　Gàosuwǒ tādemìmì.　나에게 그의 비밀을 알려 줘라.
- 他教你什么?　　　　　　　　　　　　Tā jiāonǐ shénme?　그는 너에게 무엇을 가르치니?

练习题 어떻게 나한테 10원을 거슬러 주나요? _____

3. ~是多少? 얼마입니까?
~ shì duōshao?

多少 는 많은 숫자를 물어 볼 때 사용하는 "얼마나"라는 의문사이다. 几 는 약 10미만의 것을 물을 때 사용하나, 多少 는 일반적으로 큰 숫자를 물을 때에 사용한다. 핸드폰 번호, 방번호, 비밀번호 등등은 多少 로 묻는다.

- □ 无线密码是多少? Wúxiànmìmǎ shì duōshao? 와이파이 비밀번호가 어떻게 되나요?
- □ 你的手机号码是多少? Nǐde shǒujīhàomǎ shì duōshao? 당신의 핸드폰 번호가 어떻게 되나요?
- □ 里面有多少? Lǐmiàn yǒu duōshao? 안에 얼마나 있습니까?

练习题 교실 안에 사람이 얼마나 있어요? _____

4. 我自己倒 제가 스스로 따를게요.
Wǒ zìjǐ dào

自己 [zìjǐ] "스스로, 직접" 의 뜻. 倒 [dào] 는 "따르다, 거꾸로 가다" 의 뜻

- □ 我自己去看看。 Wǒ zìjǐ qù kànkan. 내가 직접 가서 볼게요.
- □ 我自己分吧! Wǒ zìjǐ fēnba! 내가 직접 나눌게요.
- □ 我自己开吧! Wǒ zìjǐ kāiba! 내가 직접 열게요.

练习题 네가 직접 전화 걸어 신고해라. _____

참고 投诉 [tóusù] : 불평하다. 고발하다. 신고하다.

Step 3 서바이벌 문장 330

🔊 **MP3** 001

021 有什么茶?
Yǒu shénme chá?

022 给我一壶绿茶。
Gěiwǒ yìhú lǜchá.

023 几个人用? 按位收费。
Jǐgerén yòng? Ànwèi shōufèi.

024 要不要甜品?
Yàobuyào tiánpǐn?

025 这边喝还是带走?
Zhèbiān hē háishì dàizǒu?

해석

021. 어떤 차가 있죠?
022. 녹차 한 주전자 주세요.
023. 몇 사람이 마시나요? 인원수에 따라 돈을 받습니다.
024. 디저트를 원하세요?
025. 여기서 드세요 아니면 가져가세요?

DAY 02 Mission

026 可以给我一个空的纸杯吗?
Kěyǐ gěiwǒ yígekōngdezhǐbēima?

027 拿铁放脱脂奶，可以吗?
Nátiě fàng tuōzhīnǎi, kěyǐma?

028 加一份浓缩咖啡。
Jiā yífèn nóngsuō kāfēi.

029 少放奶油。(巧克力) / (多放～，别放～)
Shǎofàng nǎiyóu. (qiǎokèlì) / (duōfàng~, biéfàng~)

030 面包加热吧。
Miànbāo jiārè ba.

해석

026. 저에게 빈 종이컵을 주실 수 있어요?
027. 라떼에 저지방 우유를 넣어주세요. 괜찮나요?
028. 샷 추가해 주세요. (에스프레소 한 잔 추가해 주세요.)
029. 크림 적게 넣어 주세요. (초콜릿) / (~ 많이 넣어 주세요. ~ 넣지 마세요.)
030. 빵은 데워 주세요.

step 3 서바이벌 문장 **330**

🔊 **MP3** 002

031 再加点儿冰块儿(热水)，好吗？谢谢！
Zàijiādiǎnr bīngkuàir (rèshuǐ), hǎoma? Xièxie!

032 有没有零钱？ 有一块吗？(一毛)
Yǒuméiyǒu língqián? Yǒuyíkuàima? (yìmáo)

033 81块？我有一块，找我20块吧。
Bāshíyīkuài? Wǒ yǒu yíkuài, zhǎo wǒ èrshíkuài ba.

034 能不能上网？(无线)密码是多少？
Néngbunéng shàngwǎng? (wúxiàn) mìmǎ shì duōshǎo?

035 可不可以续杯？
Kěbukěyǐ xùbēi?

해석

031. 얼음(뜨거운 물) 좀 더 넣어 주세요. 감사합니다.
032. 잔돈 있어요? 1원 있어요? (1마오)
033. 81원요? 저 1원 있어요. 20원 거슬러 주세요.
034. 인터넷에 접속할 수 있어요? (와이파이) 비밀번호는요?
035. 리필되나요?

DAY 02 Mission

036 免费吗？是免费送的吗？
Miǎnfèima? Shì miǎnfèisòngde ma?

037 办会员卡有什么优惠？
Bàn huìyuánkǎ yǒu shénme yōuhuì?

038 怎么积分？
Zěnme jīfēn?

039 我要<u>正常冰</u>。（少冰，去冰）
Wǒ yào <u>zhèngchángbīng</u>. (shǎobīng, qùbīng)

040 我自己倒。我自己<u>打开</u>。（分，切）
Wǒ zìjǐ dào. Wǒ zìjǐ <u>dǎkāi</u>. (fēn, qiē)

해석

036. 공짜인가요? 공짜로 주는 건가요?
037. 회원카드를 만들면 어떤 혜택이 있죠?
038. 포인트는 어떻게 적립되나요?
039. 저는 얼음양 보통으로 주세요. (얼음양 적게, 얼음 빼주세요)
040. 제가 직접 따를게요. 제가 혼자 열게요. (나눌게요, 자를게요)

Step 4 미션 체크 연습문제

1. 다음 단어의 한어병음을 넣어 보세요. 중요 단어 쓰기

　　1) 음료　　　　＿＿＿＿＿＿＿＿＿＿＿＿＿＿＿＿＿＿

　　2) 잔돈　　　　＿＿＿＿＿＿＿＿＿＿＿＿＿＿＿＿＿＿

　　3) 리필하다　　＿＿＿＿＿＿＿＿＿＿＿＿＿＿＿＿＿＿

　　4) 카드를 긁다　＿＿＿＿＿＿＿＿＿＿＿＿＿＿＿＿＿＿

　　5) 혜택　　　　＿＿＿＿＿＿＿＿＿＿＿＿＿＿＿＿＿＿

2. 다음 빈 칸을 채우세요. 중요 패턴 확인

　　1) 여러가지 개사 (=전치사)

　　　　~대신하여 ＿＿＿＿＿＿ / ~에 따라서 ＿＿＿＿＿＿ / ~을 제외하고 ＿＿＿＿＿＿

　　　　① 저는 그 분 대신에 온 것입니다.　　＿＿＿＿＿＿＿＿＿＿＿＿

　　　　② 인원 수에 따라서 돈을 받습니다.　　＿＿＿＿＿＿＿＿＿＿＿＿

　　2) 쌍빈어 동사 (이중목적어 동사) 3개 이상 써보기　＿＿＿＿＿＿＿＿＿＿＿＿

　　　　① 나에게 그의 핸드폰 번호를 알려주세요.　＿＿＿＿＿＿＿＿＿＿＿＿

　　　　② 나에게 3원 거슬러 주세요.　　＿＿＿＿＿＿＿＿＿＿＿＿

3. 아래 단어를 참고하여 다음 단어 괄호 안에 병음을 넣으세요. 중요 단어 풀이

脱 (　　)　　巧 (　　)　　续 (　　)　　零 (　　)　　倒 (　　)
벗다　　교묘하다, 능하다　　이어지다, 잇다　　영, 제로　　거꾸로 되다, 따르다
脱脂 저지방　　巧克力 초콜릿　　继续 계속　　零钱 잔돈　　倒垃圾 쓰레기를 버리다

4. 아래 빈 칸을 채우세요. 중요 문장 쓰기

1) 녹차 한 주전자 주세요.

　　来一_____绿茶。

2) 우유를 적게 넣어 주세요!

　　_____放牛奶!

3) 저에게 20원 거슬러 주세요.

　　_____我二十块。

4) 여기서 마셔요 아니면 가져갑니까?

　　这边_____还是_____?

5) 회원카드를 만들면 어떤 혜택이 있죠?

　　_____会员卡有什么优惠?

6) 제가 직접 따를게요.

　　我_____倒。

서바이벌 실전 회화

第二课 在咖啡厅里
카페에서

🔊 MP3 003

- 美式　měishì　아메리카노
- 拿铁　nátiě　라떼
- 卡布奇诺　kǎbùqínuò　카푸치노
- 甜品　tiánpǐn　디저트, 단 것
- 会员卡　huìyuánkǎ　회원카드

A 你好！你要什么?
Nǐ hǎo! Nǐ yào shénme?

B 我要一杯中的美式, 还有一杯小的拿铁,
Wǒ yào yìbēi zhōngde měishì, háiyǒu yìbēi xiǎode nátiě,

还一杯小的卡布奇诺。
hái yìbēi xiǎode kǎbùqínuò.

A 要冰的还是热的?
Yào bīngde háishi rède?

B 我都要热的。
Wǒ dōu yào rède.

A 要不要甜品?
Yàobuyào tiánpǐn?

B 不要。
Búyào.

A 有没有会员卡?(积分卡)
Yǒuméiyǒu huìyuánkǎ? (jīfēnkǎ)

B 没有。
Méiyǒu

A 要办一张吗?
Yào bàn yìzhāng ma?

B 不用，谢谢。
Búyòng, xièxie.

해석

A: 어서오세요! 무엇을 드릴까요?
B: 전 중간사이즈 아메리카노 한 잔 , 그리고 작은사이즈 라떼 한 잔 , 작은사이즈 카푸치노 한 잔 주세요.
A: 뜨거운 거요 차가운 거요?
B: 전부 뜨거운 걸로 주세요.
A: 디저트는 필요하신가요?
B: 필요없어요.
A: 회원카드있나요?(포인트카드)
B: 없어요.
A: 한 장 만드시겠어요?
B: 필요없어요. 감사합니다.

Day 02

• 음료와 관련한 단어

◆ 음료와 관련한 단어 ◆

酒水单	jiǔshuǐdān	음료 메뉴판
绿茶	lǜchá	녹차
铁观音	tiěguānyīn	철관음
龙井茶	lóngjǐngchá	롱징차
乌龙茶	wūlóngchá	우롱차
普洱茶	pǔ'ěrchá	보이차
茉莉花茶	mòlìhuāchá	자스민차
菊花茶	júhuāchá	국화차
红茶	hóngchá	홍차
柠檬茶	níngméngchá	레몬차
伯爵茶	bójuéchá	얼그레이
美式咖啡	měishì kāfēi	아메리카노
拿铁	nátiě	라떼
抹茶拿铁	mǒchá nátiě	녹차라떼
卡布奇诺	kǎbùqínuò	카푸치노
摩卡	mókǎ	모카
可可	kěkě	코코아
焦糖玛琪朵	jiāotángmǎqíduǒ	카라멜마키아또
珍珠奶茶	zhēnzhūnǎichá	버블밀크티
冰淇淋	bīngqílín	아이스크림
现磨咖啡	xiànmókāfēi	원두커피
牛奶	niúnǎi	우유
鲜榨果汁	xiānzhàguǒzhī	생과일 주스
苹果汁	píngguǒzhī	사과 주스
橙汁	chéngzhī	오렌지 주스
西瓜汁	xīguāzhī	수박 주스
菠萝汁	bōluózhī	파인애플 주스
啤酒	píjiǔ	맥주
青岛	qīngdǎo	칭다오 맥주
纯生	chúnshēng	드래프트
生啤(扎啤)	shēngpí(zhāpí)	생맥주 (피쳐맥주)
冰沙	bīngshā	빙수
冰块儿	bīngkuàir	얼음
常温的	chángwēnde	상온의 것
冰(镇)的	bīng(zhèn)de	차가운 것
可乐	kělè	콜라
雪碧	xuěbì	스프라이트
矿泉水	kuàngquánshuǐ	생수
热水	rèshuǐ	뜨거운 물
白开水	báikāishuǐ	끓인 물
温水	wēnshuǐ	따뜻한 물
冰水	bīngshuǐ	시원한 물
汽水	qìshuǐ	탄산음료
苏达水	sūdáshuǐ	소다수

메모

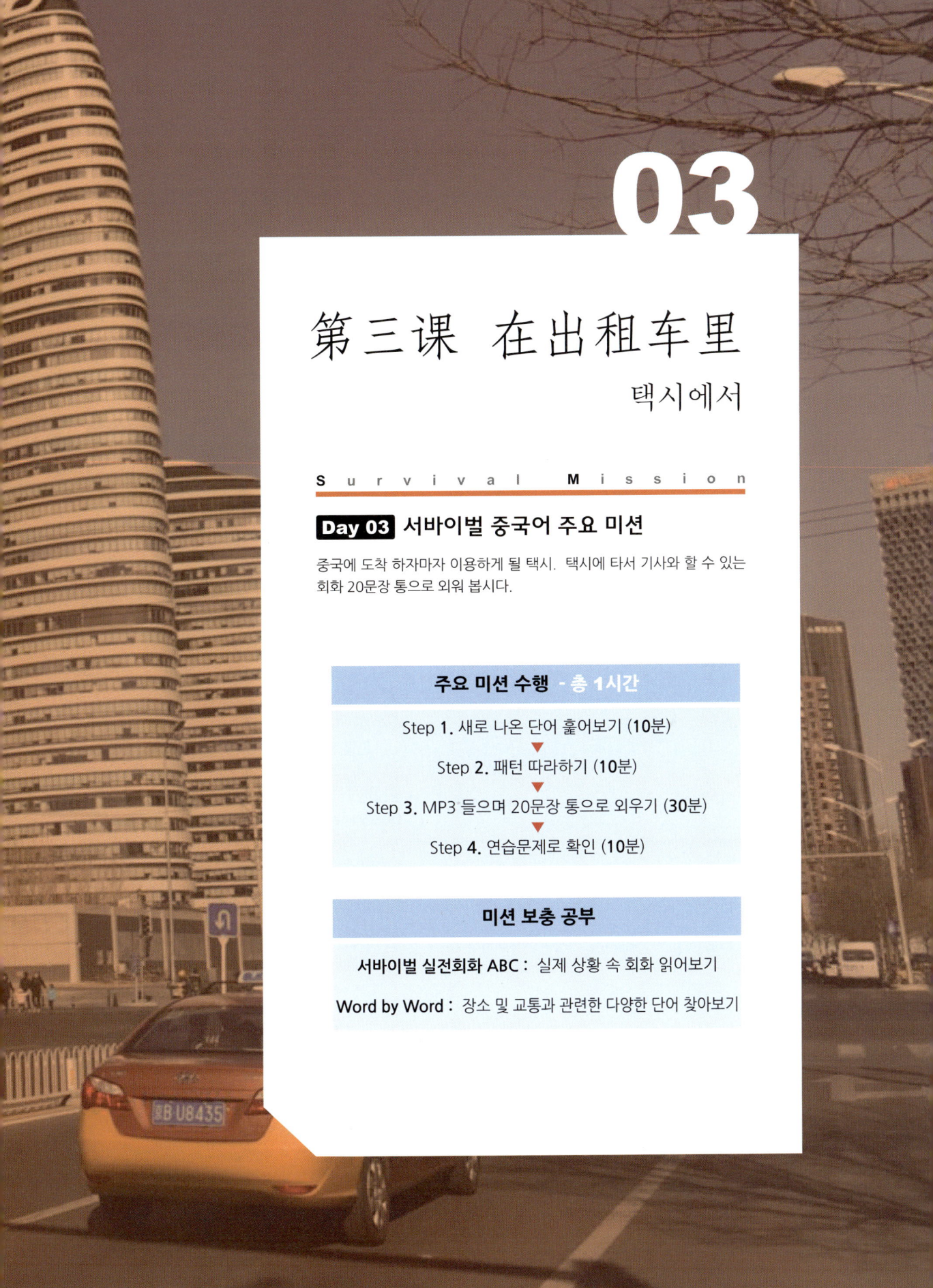

03 第三课 在出租车里 택시에서

Step 1 새로 나온 단어 맛보기

	한자	발음	뜻	예문
1	往	wǎng	~(방향)으로	往前走! Wǎng qián zǒu! 앞으로 가세요.
2	拐	guǎi	(커브를)틀다	往左拐! (右) Wǎng zuǒ guǎi! (yòu) 왼쪽으로 가세요. (오른쪽)
3	停	tíng	멈추다.	前面停一下! Qiánmiàn tíngyíxià! 앞에서 멈추세요!
4	然后	ránhòu	그다음에	先洗手,然后吃饭。 Xiān xǐshǒu, ránhòu chīfàn. 먼저 손을 씻고, 그 다음에 식사하세요.
5	地下车库	dìxiàchēkù	지하주차장	去地下车库! Qù dìxiàchēkù! 지하 차고로 가세요!
6	走到底	zǒudàodǐ	끝까지 가다.	前面走到底! Qiánmiàn zǒudàodǐ! 앞에서 끝까지 가세요.
7	掉(=调)头	diàotóu	유턴하다.	前面掉头! Qiánmiàn diàotóu! 앞에서 유턴하세요!
8	第一个	dìyīge	첫번째	第一个人 dìyīgerén 첫번째 사람
9	红绿灯	hónglǜdēng	신호등	在红绿灯右拐! Zài hónglǜdēng yòuguǎi! 신호등에서 오른쪽으로 도세요!

	한자	발음	뜻	예문
10	从~到-	cóng~dào-	~부터 -까지	从一点到两点 cóng yìdiǎn dào liǎngdiǎn 1시부터 2시까지
11	大概	dàgài	대략	大概几点? Dàgài jǐdiǎn? 대략 몇 시죠?
12	离	lí	~에서 (거리, 간격)	离这儿远不远? Lí zhèr yuǎnbùyuǎn? 여기에서 멀어요 안멀어요?
13	知道	zhīdao	알다.	你知道怎么走吗? Nǐ zhīdào zěnme zǒuma? 당신은 어떻게 가는지 아세요?
14	远	yuǎn	멀다.	有点儿远。 Yǒudiǎnr yuǎn. 조금 멀어요.
15	开空调	kāikōngtiáo	에어컨을 켜다.	开一下空调! Kāiyíxià kōngtiáo! 에어컨을 켜주세요.
16	声音	shēngyīn	소리 (목소리)	声音有点儿奇怪。 Shēngyīn yǒudiǎnr qíguài. 목소리가 좀 이상해요.
17	堵车	dǔchē	차가 막히다.	哪儿都堵车。 Nǎr dōu dǔchē. 어디든 다 차가 막힙니다.
18	快~了	kuài~le	곧 ~ 할 것이다.	快一点了。 Kuài yìdiǎn le. 곧 1시 입니다.
19	绕路	ràolù	길을 돌다. 우회하다.	你绕路了吧! Nǐ ràolù le ba! 당신 길을 돌아오셨네요!

Step 2 패턴 그대로 따라하기

1. 往~, 离~   ~방향)으로, ~에서 (간격)
wǎng ~, lí ~

<개사>는 친숙한 어법용어로 말하면 <전치사>를 말한다. (부록1- 기본어법 unit 3 개사 참고) 실용회화에서 주어가 없이 개사구가 문장 앞에 놓일 때 개사(전치사)가 종종 생략되는 것을 볼 수 있다.

- □ 往前一直走。   Wǎngqiányìzhízǒu.   앞으로 쭉 가세요.
- □ 往右拐! 往左拐!   Wǎngyòuguǎi! Wǎngzuǒguǎi! 오른쪽으로 도세요. 왼쪽으로 도세요
- □ 离这儿不远。   Lízhèr bùyuǎn.   여기서 멀지 않아요.

练习题 먼저 오른 쪽으로 돌고, 바로 왼쪽으로 도세요. _____

참고 马上 [mǎshàng] : 바로

2. 进 장소 去   (장소)로 들어가다.
jìn   qù

进(동사)+ 去(방향성 보충어) 여기서 "去"는 방향보어로 쓰인 것이다. 방향보어에서 장소가 목적어로 올 때 그 장소목적어 어순이 어디에 놓였는지 주의하여 연습해보자. (부록1- 기본어법 unit 10 방향보어 참고)

- □ 进教室里去。   Jìn jiàoshìlǐ qù.   교실로 들어가세요.
- □ 回家去。   Huíjiāqù.   집으로 가세요.
- □ 进车库去吧!   Jìnchēkùquba!   주차장으로 들어가세요.

练习题 학교에 들어갈 때, 학생카드가 필요하다. _____

3. 의문사, 의문사   "의문사"는 대로 ~ "의문사" 하다.

이 표현은 한국어에 없는 표현이므로 구사하기 힘든 표현이기도 하다. 의문사의 호응이라 하고 ~하는 대로 ~ 하자 라는 뜻이다.

□ 你想去哪儿, 就去哪儿。　Nǐ xiǎngqùnǎr, jiùqùnǎr.　당신이 가고 싶은 데로 가세요.
□ 你吃什么, 我吃什么。　Nǐchīshénme, wǒ chīshénme.　당신이 먹고 싶은 걸로 저도 먹을게요.
□ 怎么近, 怎么走。　Zěnmejìn, zěnmezǒu.　가까운 데로 가세요.

练习题 어떻게 빠르면 어떻게 가세요. (빠른데로 가죠!) _____

4. 哪儿 都 ~   어디든지 ~
nǎrdōu~

무엇이든 : 什么都~ , 누구든: 谁都~ , 언제든: 什么时候都~ , 누구든지: 谁都~ , 어쨌든지: 怎么都~

□ 什么都有。　　　Shénmedōuyǒu.　　　무엇이든지 다 있다.
□ 谁都想休息。　　Shuídōu xiǎngxiūxi.　　누구든지 다 쉬고 싶다.
□ 哪儿都想去。　　Nǎrdōu xiǎngqù.　　어디든지 가고 싶다.

练习题 나는 오늘 어디도 가고 싶지 않다. _____

5. 好像(是)   마치 ~인 것 같다.
hǎoxiàng(shì)

회화 할 때 많이 사용될 수 있는 표현이므로 잘 외워두고 사용해보자.

□ 你好像瘦了。　　Nǐ hǎoxiàng shòule.　　당신은 살이 빠진 것 같아요.
□ 好像够了。　　　Hǎoxiàng gòule.　　　충분한 것 같아요.

练习题 자리가 다 찬 것 같다. _____

Step 3 서바이벌 문장 330

🔊 MP3 001

041 师傅，（在）前面往右拐。
Shīfu, (zài)qiánmiàn wǎngyòu guǎi.

042 前面靠边儿吧。
Qiánmiànkàobiānrba.

043 （在）～ 停一下。
(Zài) ~ tíngyíxià.

044 先上前面高架。
Xiān shàng qiánmiàngāojià.

045 进地下车库去吧。（门口）
Jìn dìxiàchēkù qùba. (ménkǒu)

해석

041. 아저씨, 앞에서 오른쪽으로 도세요.
042. 앞에 대주세요.
043. ~ 에서 서주세요.
044. 먼저 앞의 고가도로를 타고 가세요.
045. 지하주차장으로 진입해주세요. (입구로)

DAY 03 Mission

046 往前一直走，走到底，左拐。
Wǎngqián yìzhízǒu, zǒudàodǐ, zuǒguǎi.

047 前面调头就停车吧！
Qiánmiàn diàotóu jiù tíngchēba!

048 过第一个红绿灯停一下。
Guò dìyīge hónglǜdēng tíngyíxià.

049 再走一点儿。(开)
Zàizǒuyìdiǎnr. (kāi)

050 从～ 到…大概要多长时间？
Cóng~dào... dàgài yào duōchángshíjiān?

해석

046. 앞으로 쭉 가서, 막다른 골목까지 가서 왼쪽으로 도세요.
047. 앞에서 유턴해서 차를 세워 주세요.
048. 첫 번째 신호등을 건너 세워 주세요.
049. 좀 더 가주세요. (운전하다)
050. ~에서 …까지 대략 얼마의 시간이 걸리죠?

051 离这儿远不远?
Lí zhèr yuǎnbuyuǎn?

052 我不知道怎么走。
Wǒ bùzhīdào zěnmezǒu.

053 师傅,开一下空调,好吗?
Shīfu, kāiyíxià kōngtiáo, hǎoma?

054 师傅,声音小一点儿。
Shīfu, shēngyīn xiǎoyìdiǎnr.

055 师傅,空调<u>大一点儿</u>。(再大一点儿)
Shīfu, kōngtiáo<u>dàyìdiǎnr</u>. (zàidàyìdiǎnr)

해석

051. 여기서 멀어요 안 멀어요?
052. 전 어떻게 가는지 모릅니다.
053. 아저씨, 에어컨 좀 켜 주세요.
054. 아저씨, 소리 좀 낮춰 주세요.
055. 아저씨, 에어컨을 좀 세게 틀어 주세요. (좀 더 세게)

056 怎么快，怎么走吧。
Zěnme kuài, zěnme zǒu ba.

057 现在哪儿都堵车。
Xiànzài nǎr dōu dǔchē.

058 这么走不行。
Zhème zǒu bùxíng.

059 快到了。
Kuài dào le.

060 你好像绕路了。
Nǐ hǎoxiàng rào lù le.

해석

056. 빠른 데로 가주세요.
057. 지금 어디든 다 차가 막힙니다.
058. 이렇게 가면 안돼요.
059. 곧 도착입니다.
060. 당신이 길을 돌아온 것 같네요.

Step 4 미션 체크 연습문제

1. 다음 단어의 한어병음을 넣어 보세요. 중요 단어 쓰기

1) (커브를) 돌다 _____
2) 유턴하다 _____
3) 신호등 _____
4) 차가 막히다 _____
5) 돌아가다, 우회하다 _____

2. 다음 빈 칸을 채우세요. 중요 패턴 확인

1) 더 ~ 해주세요. _____
   ① 더 가주세요. 더 익혀주세요. 더 넣어주세요. _____
   ② 더 크게 해주세요. 더 싸게 해주세요. _____

2) 맘대로 해요. (随便 suíbiàn) 어디든 괜찮아요. _____
   ① 중국요리는 누구든지 다 좋아해요. _____
   ② 여기서 뭐든지 다 골라도 되나요? _____
   (선택하다, 고르다 选 xuǎn)

DAY 03 Mission

3. 아래 단어를 참고하여 다음 단어 괄호 안에 병음을 넣으세요. 중요 단어 풀이

靠 (　　　)　　　架 (　　　)　　　底 (　　　)　　　租 (　　　)　　　堵 (　　　)
기대다, 의존하다　선반, 받침대　바닥, 끝　세내다　막히다
靠边 (길가)에 세우다　高架 고가도로　走到底 끝까지 가다　出租车 택시　堵车 차가 막히다

4. 아래 빈 칸을 채우세요. 중요 문장 쓰기

1) 앞에서 대주세요 신호등 건너 대주세요

　　前面_____边儿吧。 过红绿灯_____边儿。

2) 앞으로 쭉 가서 끝까지 간 다음에 왼쪽으로 도세요.

　　往前_____走, 走到_____往左拐

3) 여기에서 멀어요 안멀어요?

　　_____这儿远不远?

4) 빠른 데로 가주세요.

　　_____快_____走。

5) 아저씨, 에어컨 좀 켜주시겠어요?

　　师傅,_____点儿空调。

6) 당신이 길을 돌아온 것 같은데요.

　　你_____绕路了。

서바이벌 실전 회화

第三课 坐出租车

택시를 타다

🔊 MP3 003

- 稍等 shāoděng 좀 기다리세요.
- 认得 rènde 알다
- 熟悉 shúxī 잘 알고 있다. 익숙하다.
- 绕路 ràolù 돌아가다. 우회하다.
- 堵车 dǔchē 차가 막히다.
- 厉害 lìhai 대단하다.

A 保安！(给我)叫一辆出租车吧！
　　Bǎo'ān! (gěiwǒ)jiào yíliàng chūzūchē ba!

B 快来了, 稍等一下！
　　Kuàiláile, shāoděngyíxià!

A 师傅, 你知不知道金丰路？
　　Shīfu, nǐ zhībuzhīdào jīnfēnglù?

C 金丰路？不知道。你认得路吗？
　　Jīnfēnglù? Bùzhīdào. Nǐrèndelùma?

A 认得, 你先上高架。(高速)
　　Rènde, nǐ xiān shàng gāojià. (gāosù)

C 你告诉我怎么走吧, 我不太熟悉。
　　Nǐ gàosu wǒ zěnmezǒuba, wǒ bútàishúxī.

A 师傅, 这样走你好像绕路了。
　　Shīfu, zhèyàng zǒu nǐ hǎoxiàng rǎolù le.

056 • 미션따라 중국어

C 没办法,那儿堵车堵得很厉害。
Méi bànfa, Nàr dǔchē dǔde hěn lìhai.

A 过红绿灯就停一下吧。
Guò hónglǜdēng jiù tíngyíxià ba.

해석

A: 경비아저씨! 택시 하나 불러주세요.
B: 곧 올거예요. 잠시만 기다려 주세요.
A: 아저씨 찐펑루 알아요?
C: 찐펑루? 모르는데요, 당신이 길을 잘 알아요?
A: 압니다. 먼저 고가를 타세요. (고속도로)
C: 어떻게 가는지 알려주세요.
    저는 길이 익숙하지 않습니다.
A: 아저씨, 이렇게 가면 돌아가는 것 같은데요.
C: 방법이 없어요. 저기는 차가 너무 심하게 막힙니다.
A: 신호등 건너서 멈춰주세요.

Word by Word

Day 03

- 여러가지 장소
- 교통과 관련한 단어
- 운전기사에게 말할 때 자주 등장하는 단어
- 여러가지 방위사

◆ 여러가지 장소 ◆

市场	shìchǎng	시장	百货	bǎihuò	백화점
超市	chāoshì	슈퍼	商城	shāngchéng	몰 (mall)
学校	xuéxiào	학교	影城	yǐngchéng	영화관
医院	yīyuàn	병원	公司	gōngsī	회사
银行	yínháng	은행	公园	gōngyuán	공원
酒店	jiǔdiàn	호텔	公寓	gōngyù	아파트
商店	shāngdiàn	상점	停车场	tíngchēchǎng	주차장
面包店	miànbāodiàn	빵집	机场	jīchǎng	공항
书店	shūdiàn	서점	地铁站	dìtiězhàn	지하철역
咖啡厅	kāfēitīng	카페	火车站	huǒchēzhàn	기차역
餐厅	cāntīng	식당	收费站	shōufèizhàn	톨게이트
大厦	dàshà	빌딩	加油站	jiāyóuzhàn	주유소
大楼	dàlóu	빌딩	地下车库	dìxiàchēkù	지하 주차장

◆ 교통과 관련한 단어 ◆

十字路	shízìlù	교차로	路标	lùbiāo	표지판
丁字路	dīngzìlù	삼거리	人行横道	rénxínghéngdào	횡단보도
路口	lùkǒu	갈림길, 길목	高速	gāosù	고속도로
门口	ménkǒu	입구	高架	gāojià	고가
路边	lùbiān	길가	隧道	suìdào	터널
红绿灯	hónglǜdēng	신호등	辅路	fǔlù	보조도로, 갓길
车牌号	chēpáihào	차량 번호	限行	xiànxíng	주행제한

◆ 운전기사에게 말할 때 자주 등장하는 단어 ◆

向~	xiàng	~(방향)으로
往~	wǎng	~(방향)으로
在~	zài	~에서
到~	dào	~까지
开车	kāichē	차를 운전하다.
驾驶证	jiàshǐzhèng	면허증
坐	zuò	앉다. (차를) 타다
转	zhuǎn	~(커브를) 돌다
拐	guǎi	~(커브를) 돌다
走	zǒu	~(길)로 가다.
上	shàng	오르다.

后备箱	hòubèixiāng	트렁크
停车	tíngchē	차를 세우다.
靠边儿	kàobiānr	길가에 대다.
走到头儿	zǒudàotóur	막다른 곳까지 가다.
导航	dǎoháng	내비게이션
堵车	dǔchē	차가 막히다.
着急	zháojí	조급하다.
来不及	láibùjí	여유가 없다.
来得及	láidejí	여유가 있다.
司机	sījī	기사 (직업)
师傅	shīfu	기사아저씨를 부를 때

◆ 여러가지 방위사(방향과 위치를 나타내는 단어) ◆

东南西北	dōngnánxīběi	동남서북
上 / 下	shàng / xià	위 / 아래
中间	zhōngjiān	중간
左 / 右	zuǒ / yòu	좌 / 우

前 / 后	qián / hòu	전 / 후
里 / 外	lǐ / wài	안 / 밖
对面	duìmiàn	맞은편
斜对面	xiéduìmiàn	대각선 맞은편

第四课 叫阿姨做家务
도우미에게 일 시키기

Survival Mission

Day 04 서바이벌 중국어 주요 미션

중국에서는 가사도우미를 고용하거나 호텔 또는 식당에서 청소 및 청결 유지를 도우미에게 시켜야 하는 일들을 종종 경험하게 됩니다. 집안일 및 청결 유지를 부탁할 때 사용하는 20문장을 통으로 외워 봅시다.

주요 미션 수행 - 총 1시간

Step 1. 새로 나온 단어 훑어보기 (10분)
▼
Step 2. 패턴 따라하기 (10분)
▼
Step 3. MP3 들으며 20문장 통으로 외우기 (30분)
▼
Step 4. 연습문제로 확인 (10분)

미션 보충 공부

서바이벌 실전회화 ABC : 실제 상황 속 회화 읽어보기

Word by Word : 가사 및 가전, 가사용품과 관련한 다양한 단어 찾아보기

04 第四课 叫阿姨做家务 도우미에게 일 시키기

Step 1 새로 나온 단어 맛보기

	한자	발음	뜻	예문
1	提前	tíqián	앞서, 사전에	请提前告诉我。 Qǐng tíqián gàosu wǒ. 미리 저에게 알려주세요.
2	告诉	gàosu	알려주다.	有什么事?告诉我吧! Yǒushénmeshì? Gàosu wǒba! 무슨 일이 있어요? 저에게 알려주세요!
3	先~ 再…	xiān~ zài…	우선(먼저) ~ 그 다음에	先洗手,再吃饭。 Xiān xǐshǒu, zài chīfàn. 먼저 손을 씻고 그 다음에 식사하세요.
4	收拾	shōushi	치우다.	收拾收拾这里! Shōushi shōushi zhèli! 여기 좀 치워주세요!
5	盒子	hézi	상자, 통	这个菜放盒子里。 Zhègecài fànghézilǐ. 이 음식은 통에 넣어요.
6	完全	wánquán	완전히	完全熟了。 Wánquán shóule. 완전히 익었어요.
7	干	gān	마르다.	完全干了。 Wánquán gānle. 완전히 말랐어요.
8	洗干净	xǐgānjìng	깨끗이 씻다.	衣服都洗干净了。 Yīfu dōu xǐgānjìngle. 옷은 모두 깨끗이 씻었어요.
9	冲	chōng	헹구다.	只要冲一下。 Zhǐyào chōngyíxià. 단지 헹구기만 하세요.
10	纯净水	chúnjìngshuǐ	정수물	用纯净水冲一下。 Yòng chúnjìngshuǐ chōngyíxià. 정수물로 헹구세요.

	한자	발음	뜻	예문
11	用~V	yòng	~를 써서(이용) V하다.	用铅笔写。 Yòng qiānbǐ xiě. 연필로 씁니다.
12	粉	fěn	가루	洗衣粉 / 麦粉 xǐyīfěn / màifěn 세탁 세제가루 / 밀가루
13	擦	cā	닦다.	用抹布擦。 Yòng mābù cā. 걸레로 닦다.
14	按时	ànshí	시간에 맞춰	按时上下班。 Ànshí shàngxiàbān. 시간에 맞춰 출퇴근하다.
15	请/假	qǐng/jià	휴가를 내다.	请几天假? Qǐng jǐtiān jià? 며칠 휴가를 냅니까?
16	全部	quánbù	전부	全部拿来! Quánbù nálai! 전부 가져오세요!
17	泡大米	pàodàmǐ	쌀을 담그다.	泡一下茶! Pàoyíxià chá! 차를 좀 우려주세요!
18	使劲	shǐjìn	힘껏	使劲擦一下! Shǐjìn cāyíxià! 힘껏 닦아요!
19	一定	yídìng	반드시	一定要小心! Yídìngyào xiǎoxīn! 반드시 조심해요!
20	小心	xiǎoxīn	조심하다.	小心地洗一下! Xiǎoxīnde xǐyíxià! 조심해서 씻어요!
21	熨	yùn	다림질 하다.	会不会熨衣服? Huìbuhuì yùnyīfu? 다림질할 줄 아나요?
22	煮抹布	zhǔmābù	행주, 걸레를 삶다.	每天煮抹布。 Měitiān zhǔmābù. 매일 걸레를 삶다.
23	不用~了	búyòng~le	~할 필요없다.	不用给了。 Búyòng gěile. 줄 필요 없습니다.

Step 2 패턴 그대로 따라하기

1. 先~, 然后(=再)⋯ 먼저 ~, 그다음에 ⋯
Xiān~ , ránhòu(=zài) ...

일의 순차를 표현 할 때 사용한다. 再는 1과에서 "다시, 더" 라는 뜻으로 사용되었다. 再来一双筷子。 젓가락 다시 가져다 주세요. / 再放一点糖。 설탕 좀 더 넣어 주세요. 여기서 "再"는 "然后"와 같은 의미로서 "그다음에" 라는 뜻으로 사용되었다.

☐ 先收拾, 再擦一下。　　　Xiānshōushi, zàicāyíxià.　　먼저 치우고 그다음에 닦으세요.
☐ 你先上课, 然后再说吧!　Nǐxiānshàngkè, ránhòuzàishuōba!　당신은 먼저 수업을 받고
　　　　　　　　　　　　　　　　　　　　　　　　　　　　그다음에 다시 이야기해요.
☐ 先洗一下, 然后泡一点儿。Xiānxǐyíxià, ránhòupàoyìdiǎnr.　먼저 씻은 다음에 담궈두세요.

练习题 먼저 이렇게 주문하고, 부족하면 다시 더 주문할께요.

---

2. 用~ V⋯ ~으로(을 사용하여) ⋯ 하다.
Yòng~ V ...

用은 "~를 사용하다"라는 뜻. 그러나 여기서는 "~로, ~으로" 라는 개사(전치사)로 쓰인 것이다. 1과부터 계속해서 개사가 등장하고 있다. 익숙해지도록 하자. (부록1- 기본어법 unit 3 개사 참고)

☐ 用抹布擦一下。　　　Yòngmābù cāyíxià.　　　　　걸레로 닦으세요.
☐ 用这个洗一下。　　　Yòngzhège xǐyíxià.　　　　이것으로 씻으세요.
☐ 按上班的时间来吧!　Ànshàngbāndeshíjiān láiba!　출근시간에 맞춰 오세요.

练习题 가위로 자르다.

참고 剪刀[jiǎndāo] 가위, 剪 : 자르다.

3. V + 시량사 + O   얼마 시간 동안 ~을 하다.

한국어 어순과 달라서 자주 틀리는 표현이다. (부록1- 기본어법 unit 4 시량보어 참고)
반복 연습을 통해 자연스럽게 말이 나오도록 해야 한다.
(주의) 请 / 假는   이합동사의 형태로서 보어를 붙여 사용할 때 어순을 특히 주의하여야한다. ☞ 请 + 几天 + 假
[부록2] 형용사&동사모음 - Verb 2 이합동사 참고

- ☐ 请几天假?   Qǐng jǐtiān jià?   며칠 동안 휴가를 내십니까?
- ☐ 看一个小时电视。   Kàn yígexiǎoshí diànshì.   한 시간 동안 TV를 봅니다.
- ☐ 学了半年汉语。   Xuéle bànnián Hànyǔ.   중국어를 반년 간 공부했다.

练习题 한 시간 반 동안 수업한다. ....

4. 帮 + O + 做什么   누구를 도와 ~를 해라.
bāng + O + zuòshénme

이 패턴은 기초단계에서 배운 연동문의 형식이다. 帮= 帮助 [bāngzhù] ： 동사) ~를 돕다 + 做~ ： ~을 하다
참고) 帮助는 명사로도 쓰일 수 있다. "도움" 이라 쓰이기도 해서 有没有帮助? 도움이 되니 안되니? 라는 형태를 만들 수 있다.

- ☐ 你帮我擦一下。   Nǐbāngwǒ cāyíxià   당신이 저를 도와 닦아주세요.
- ☐ 你帮我收一下。   Nǐbāngwǒ shōuyíxià.   당신이 저를 도와 받아주세요.
                                                      (혹은, 치워주세요.)

练习题 당신은 저를 도와서 아이를 픽업해줄 수 있습니까?

....

Step 3 서바이벌 문장 330

🔊 MP3 001

061 你不能来，请提前告诉我。
Nǐ bùnéng lái, qǐng tíqián gàosu wǒ.

062 你先洗碗，再收拾房间。
Nǐ xiān xǐwǎn, zàishōushi fángjiān.

063 先擦一下，然后收起来。
Xiān cāyíxià, ránhòu shōuqǐlái.

064 盒子完全干了，再收起来。
Hézi wánquán gānle, zàishōuqǐlái.

065 菜洗干净以后，用纯净水冲一下。
Cài xǐgānjìng yǐhòu, yòng chúnjìngshuǐ chōngyíxià.

해석

061. 당신이 올 수 없으면, 사전에 저에게 알려주세요.
062. 당신은 먼저 설거지를 하고, 그 다음에 방을 치우세요.
063. 먼저 닦고, 그 후에 (너저분히 흩어져 있는 것을) 치우세요.
064. (반찬) 통이 완전히 마른 후에 집어넣으세요.(정리하세요)
065. 채소는 깨끗이 씻은 후, 마지막에 정수물로 헹구세요.

066 用洗衣粉洗抹布。
Yòng xǐyīfěn xǐ mābù.

067 用抹布擦地板。
Yòng mābù cā dìbǎn.

068 请按时上班，按时下班。
Qǐng ànshí shàngbān, ànshí xiàbān.

069 明天早点儿上班吧！(早, 晚一个小时)
Míngtiān zǎodiǎnr shàngbānba! (zǎo, wǎnyígexiǎoshí)

070 一个星期换(洗, 煮)一次。
Yígexīngqī huàn(xǐ, zhǔ) yícì.

해석

066. 세제로 걸레를 빨아요.
067. 걸레로 바닥을 닦아요.
068. 시간에 맞춰 출근하고, 시간에 맞춰 퇴근해요.
069. 내일 조금 일찍 출근해요. (일찍, 한 시간 늦게)
070. 일주일에 한 번 바꿔요. (빨아요, 삶아요)

071 每天工作三个小时，一个月的工资多少？
Měitiān gōngzuò sāngexiǎoshí, yígeyuè de gōngzī duōshǎo?

072 你想请几天假？
Nǐ xiǎng qǐng jǐtiān jià?

073 全部收起来。
Quánbù shōuqǐlái.

074 擦干净吧。
Cāgānjìng ba.

075 泡一下大米。
Pàoyíxià dàmǐ.

해석

071. 매일 세 시간 일하고, 한달치 급여가 얼마죠?
072. 며칠 휴가를 내고 싶어요?
073. 전부 치우세요.
074. 깨끗이 닦으세요.
075. 쌀을 좀 담궈두세요.

DAY 04 Mission

076 使劲擦一下。
Shǐjìn cāyíxià.

077 这件衣服熨的时候一定要小心点儿。
Zhèjiànyīfu yùn de shíhou yídìngyào xiǎoxīndiǎnr.

078 每天都要煮一下抹布。
Měitiān dōu yào zhǔyíxià mābù.

079 你帮我收一下快递吧!
Nǐ bāng wǒ shōuyíxià kuàidìba!

080 阿姨, 这里不用管了。
Āyí, zhèli búyòngguǎnle.

해석

076. 힘껏 닦으세요.
077. 이 옷은 다릴 때, 반드시 조심 좀 해 주세요.
078. 매일 걸레(행주)를 삶아요.
079. 당신이 저를 도와 택배를 받아주세요.
080. 아줌마, 여기는 신경 쓸 필요 없어요.

Step 4 미션 체크 연습문제

1. 다음 단어의 한어병음을 넣어 보세오. 중요 단어 쓰기

1) 치우다 _____

2) 알려주다 _____

3) 휴가를 내다 _____

4) 헹구다/ 씻다/ 삶다/ 담가두다/ 닦다 _____

5) 힘껏 _____

2. 다음 빈 칸을 채우세요. 중요 패턴 확인

1) 당신이 나를 도와서 _____

   ① 당신이 날 도와 택배를 받아두어라. _____

   ② 당신이 날 도와 애를 픽업해줘라. _____

2) 반드시 ~ 해야한다. _____

   ① 다음번에 반드시 조심해야 한다. _____

   ② 반드시 시간에 맞춰서 출근해라. _____

3. 아래 단어를 참고하여 다음 단어 괄호 안에 병음을 넣으세요. 중요 단어 풀이

假 (........)　　收 (........)　　净 (........)　　粉 (........)　　全 (........)
휴가　　　　받다, 치우다　　깨끗하다　　분말　　　전부
请假 휴가내다　收拾 치우다　干净 깨끗하다　洗衣粉 세탁비누　完全 완전히

4. 아래 빈 칸을 채우세요. 중요 문장 쓰기

1) 당신이 올 수 없으면 사전에 나에게 알려주세요.

　　你不能来,＿＿＿＿＿＿告诉我。

2) 정수물로 헹구세요.

　　＿＿＿＿＿＿纯净水冲一下。

3) 일주일에 한 번 삶으세요.

　　＿＿＿＿＿＿煮＿＿＿＿＿＿。

4) 며칠 휴가를 내고 싶어요?

　　你想＿＿＿＿几天＿＿＿＿?

5) 걸레로 바닥을 닦으세요.

　　＿＿＿＿＿＿擦地板。

6) 전부 치우세요.

　　全部收＿＿＿＿＿＿。

서바이벌 실전 회화

第四课 叫阿姨做家务

도우미에게 집안일 시키기

🔊 MP3 003

- 套 tào 커버
- 垫 diàn 깔개
- 嘛 ma 기원문에 쓰여 바램을 나타내는 어기사
- 玻璃 bōli 유리
- 碎 suì 깨다
- 涨工资 zhǎng gōngzī 월급을 올리다
- 考虑 kǎolǜ 고려하다 생각해보다

A 阿姨！你今天换一下床套，被子套，枕头套吧。(床垫)
Āyí! Nǐ jīntiān huànyíxià chuángtào, bèizitào, zhěntóutào ba.(chuángdiàn)

A 还有，煮一下毛巾吧！
Háiyǒu zhǔyíxià máojīn ba!

A 阿姨，红色的毛衣放在哪儿了？
Āyí, hóngsèdemáoyī fàngzàinǎr le?

你没看见吗？
Nǐ méikànjiàn ma?

A 等一会儿有快递送来，你帮我收一下吧。
Děngyíhuìr yǒu kuàidì sònglái, nǐ bāngwǒ shōuyíxià ba.

A 玻璃杯怎么碎了？我说过要小心嘛？
Bōlibēi zěnme suìle? Wǒ shuōguo yàoxiǎoxīnma?

下次你一定要小心一点儿。
Xiàcì nǐ yídìngyào xiǎoxīn yìdiǎnr.

B 太太可不可以涨工资？
Tàitai kěbukěyǐ zhǎnggōngzī?

A 我先考虑一下再说吧。
Wǒ xiān kǎolǜyíxià zàishuōba.

해석

A: 아줌마 오늘 침대커버, 이불커버, 베게커버(침대패드) 갈아주세요.
A: 그리고, 수건 삶아주세요.
A: 아줌마 빨간색 스웨터 어디 놓아 두었어요?
A: 못봤어요?
A: 좀 있다가 택배 올 거예요. 대신 좀 받아주세요.
A: 유리컵은 어쩌다가 깼어요?
   조심하라고 말한 적 있지 않아요?
   다음엔 반드시 조심 좀 하세요.
B: 사모님, 저 월급 좀 올려주세요.
A: 먼저 고려해보고 다시 얘기해요.

Word by Word
Day 04

- 가사와 관련한 단어
- 가전과 관련한 단어
- 가사도우미에게 처음 일 시킬 때
- 청소도구 및 가구 명칭

◆ 가사와 관련한 단어 ◆

家务	jiāwù	집안일
洗碗	xǐwǎn	설거지하다.
洗衣服	xǐyīfu	빨래하다.
叠衣服	diéyīfu	빨래를 개다.
吸地	xīdì	청소기로 청소하다.
擦地	cādì	바닥을 닦다.
擦桌子	cāzhuōzi	탁자를 닦다.
晾衣服	liàngyīfu	옷을 말리다.
煮抹布	zhǔmābù	걸레를 삶다.
熨衣服	yùnyīfu	옷을 다리다.
打扫	dǎsǎo	청소하다.
清理	qīnglǐ	깨끗이 청소하다.
收拾	shōushi	치우다.
整理	zhěnglǐ	정리하다.
消毒	xiāodú	소독하다.

倒垃圾桶	dào lājītǒng	휴지통을 비우다.
给花儿浇水	gěihuār jiāoshuǐ	화초에 물주다.
手洗	shǒuxǐ	손으로 빨다.
洗衣机洗	xǐyījīxǐ	세탁기로 빨다.
干洗	gānxǐ	드라이클리닝
手擦	shǒucā	손으로 닦다.
用拖把拖	yòngtuōbǎtuō	대걸레로 닦다.
洗干净	xǐgānjìng	깨끗이 씻다.
冲	chōng	헹구다.
泡	pào	담구다.
搓	cuō	치대다.
抖	dǒu	털다.
套	tào	씌우다.
铺	pū	깔다.
换	huàn	교환하다.(바꾸다.)

◆ 가전과 관련한 단어 ◆

冰箱	bīngxiāng	냉장고
洗衣机	xǐyījī	세탁기
电饭锅	diànfànguō	전기밥통
净水器	jìngshuǐqì	정수기
加湿器	jiāshīqì	가습기

除湿器	chúshīqì	제습기
煤气灶	méiqìzào	가스레인지
烤箱	kǎoxiāng	오븐
微波炉	wēibōlú	전자레인지
烘干机	hōnggānjī	건조기

◆ 가사도우미에게 처음 일 시킬때 ◆

面试	miànshì	면접하다.	V+干净	V+gānjìng	깨끗이 V해라
方便的时间	fāngbiàndeshíjiān	편리한 시간	~以前(后)	~yǐqián(hòu)	~이전(후)에
工资	gōngzī	월급	用… V	yòng…+ V	…로 V하다.
红包	hóngbāo	보너스	不要~	búyào~	~하지마라
复印身份证	fùyìnshēnfènzhèng	신분증을 복사하다.	不用~	búyòng~	~할 필요없다.
几个小时	jǐgexiǎoshí	몇시간	帮我+ V	bāngwǒ +V	나를 도와 V하다
一个星期几次	yígexīngqī jǐcì	일주일에 몇 번	上次	shàngcì	지난번
上班	shàngbān	출근하다.	这次	zhècì	이번
下班	xiàbān	퇴근하다.	下次	xiàcì	다음번
请假	qǐngjià	휴가를 내다.	小心	xiǎoxīn	조심하다.
休息	xiūxi	휴식하다.	有味儿	yǒuwèir	냄새난다
按(照)~	àn(zhào)	~에 따라,	开窗户 (←→ 关)	kāichuānghu (guān)	창문을 열다 (닫다)
随便	suíbiàn	맘대로, 대충대충	开窗帘 (←→ 关)	kāichuānglián (guān)	커튼을 열다. (닫다)

◆ 청소도구 및 가구 명칭 ◆

用品	yòngpǐn	용품	家具	jiājù	가구
洗衣粉	xǐyīfěn	세탁 세제가루	抹布	mābù	걸레, 행주
洗衣液	xǐyīyè	세탁액	拖把	tuōbǎ	밀대
漂白剂	piǎobáijì	표백제	纯净水	chúnjìngshuǐ	정수물
柔软剂	róuruǎnjì	유연제	枕头	zhěntóu	베개
洗洁精	xǐjiéjīng	퐁퐁	被子	bèizi	이불
肥皂	féizào	비누	套子	tàozi	씌우개
洗手液	xǐshǒuyè	손씻는 액	垫子	diànzi	방석, 깔개
洗碗池	xǐwǎnchí	개수대	靠垫	kàodiàn	쿠션
洗手池	xǐshǒuchí	세면대	凳子	dèngzi	등받이 없는 의자
浴缸	yùgāng	욕조	柜子	guìzi	장
马桶	mǎtǒng	변기	衣柜	yīguì	옷장
搓板	cuōbǎn	빨래판	沙发	shāfā	소파
刷子	shuāzi	솔	餐桌	cānzhuō	식탁
晾衣架	liàngyījià	빨래건조대	椅子	yǐzi	의자
垃圾桶	lājītǒng	쓰레기통	书架	shūjià	책꽂이

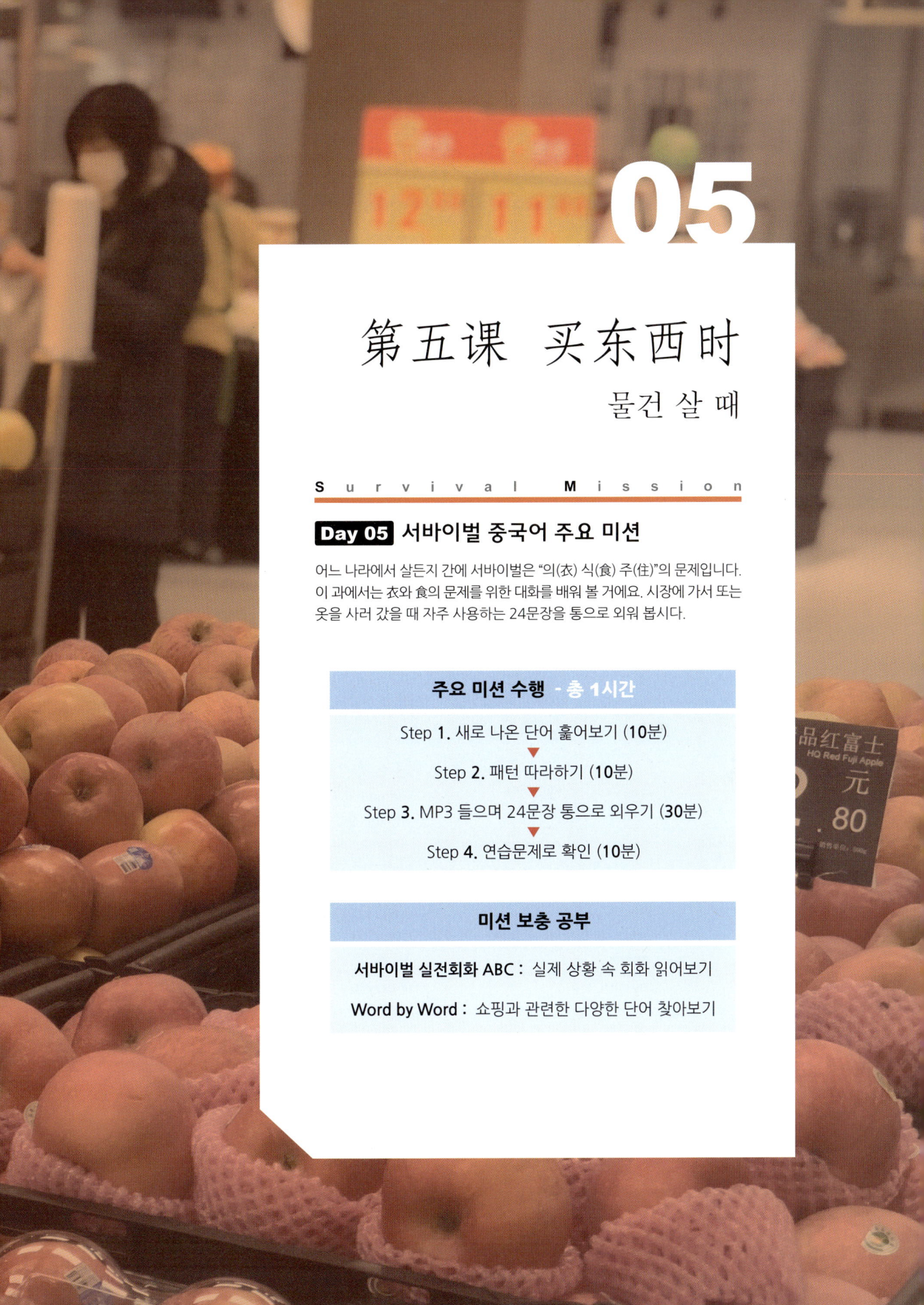

第五课 买东西时
물건 살 때

Survival Mission

Day 05 서바이벌 중국어 주요 미션

어느 나라에서 살든지 간에 서바이벌은 "의(衣) 식(食) 주(住)"의 문제입니다. 이 과에서는 衣와 食의 문제를 위한 대화를 배워 볼 거에요. 시장에 가서 또는 옷을 사러 갔을 때 자주 사용하는 24문장을 통으로 외워 봅시다.

주요 미션 수행 - 총 1시간

Step 1. 새로 나온 단어 훑어보기 (10분)
▼
Step 2. 패턴 따라하기 (10분)
▼
Step 3. MP3 들으며 24문장 통으로 외우기 (30분)
▼
Step 4. 연습문제로 확인 (10분)

미션 보충 공부

서바이벌 실전회화 ABC : 실제 상황 속 회화 읽어보기

Word by Word : 쇼핑과 관련한 다양한 단어 찾아보기

05 第五课 买东西时 물건 살 때

Step 1 새로 나온 단어 맛보기

	한자	발음	뜻	예문
1	盒	hé	상자, 박스	多少钱一盒? Duōshǎoqián yìhé? 한박스에 얼마예요?
2	称	chēng	(무게를)측정하다.	阿姨, 称一下! Āyí, chēngyíxià! 아줌마, 무게 좀 달아주세요!
3	新鲜	xīnxiān	신선하다.	这个不太新鲜。 Zhège bútài xīnxiān. 이것은 그다지 신선하지 않네요.
4	涨价	zhǎngjià	물가가 오르다. 가격을 인상하다.	涨了很多! Zhǎngle hěn duō! 매우 많이 올랐네요!
5	忘	wàng	잊어먹다.	怎么办?忘带了钱包。 Zěnme bàn? wàngdàile qiánbāo. 어쩌죠? 지갑을 감박하고 안가지고 왔어요.
6	积分	jīfēn	점수를 적립하다. 적립	买一百能积多少分? Mǎi yìbǎi néng jī duōshǎofēn? 백원어치사면 몇포인트가 적립되나요?
7	小票(收据)	xiǎopiào (shōujù)	영수증	要不要小票? Yàobuyào xiǎopiào? 영수증 필요하세요?
8	分开	fēnkāi	가르다. 구별하다.	你分开打包。 Nǐ fēnkāi dǎbāo. 당신은 따로 따로 포장해줘요.
9	装	zhuāng	담다. 포장하다. 설치하다.	分开装, 好吗? Fēnkāi zhuāng, hǎoma? 나눠서 담아주시겠어요?

	한자	발음	뜻	예문
10	袋子	dàizi	비닐봉투	要袋子吗? Yào dàizi ma? 봉투 필요하세요?
11	结账	jiézhàng	계산하다. (买单)	结账吧! Jiézhàng ba! 계산합시다!
12	款式	kuǎnshì	스타일	款式还行。 Kuǎnshì hái xíng. 스타일은 그런대로 좋네요.
13	颜色	yánsè	색깔	颜色有点儿不合适。 Yánsè yǒudiǎnr bù héshì. 색깔이 약간 어울리지 않아요.
14	牌子	páizi	상표	这是有名的牌子。 Zhè shì yǒumíng de páizi. 이것은 유명한 브랜드입니다.
15	看起来	kànqǐlái	보아하니	看起来,快下雨了。 Kànqǐlái, kuài xiàyǔ le. 보아하니, 곧 비가 내리겠네요.
16	最低价钱	zuìdījiàqián	최저가격	你说,最低多少钱? Nǐ shuō, zuìdī duōshǎoqián? 당신이 말해봐요. 가장 싸게 얼마에요?
17	假的	jiǎde	가짜	这是不是假的? Zhè shìbúshì jiǎde? 이것은 가짜아닙니까?
18	试试看	shìshikàn	시험삼아 해보다.	我可以试试看吗? Wǒ kěyǐ shìshikàn ma? 제가 입어봐도 될까요?
19	老气	lǎoqì	촌스럽다.	这件有点儿老气。 Zhèjiàn yǒudiǎnr lǎoqì. 이건 약간 촌스럽네요.
20	介绍	jièshào	소개하다.	他给我介绍的父母 Tā gěiwǒ jièshàode fùmǔ 그가 나에게 소개시켜준 부모님

Step 2 패턴 그대로 따라하기

1. 上次没有这么 ~   지난번에 이렇게(그렇게) ~ 하지 않았다.
shàngcì méiyou zhème

上(一)次 : 지난번, 这(一)次: 이 번, 下(一)次: 다음 번
没有这么(那么)는 비교문의 부정에서 많이 쓰이는 패턴. 예를 들면, "그는 나보다 키가 그렇게 크지 않다"
☞ 他没有我这么高。(부록1- 기본어법 unit 14 비교문 참고)

- □ 上次没有这么贵。   Shàngcì méiyǒu zhème guì.   지난 번에 이렇게 비싸지 않았다.
- □ 上次没有这么好。   Shàngcì méiyǒu zhème hǎo.   지난 번에 이렇게 좋지 않았다.
- □ 上次没有这么脏。   Shàngcì méiyǒu zhème zāng.   지난 번에 이렇게 더럽진 않았다.

练习题 지난 번엔 이렇게 늦게 도착하지 않았다. ....

참고 迟到 [chídào] : 늦게 도착하다.

2. 有点儿 ~   좀 (약간) ~ 하다. (좋지 않다는 의미로)
yǒudiǎnr ~

"약간 ~ 하다"라는 부사. 불평의 뜻이므로 有点儿 뒤에는 불평 뉘앙스의 형용사가 온다. (부록1- 기본어법 unit 2 有点儿~ 참고)

- □ 这个有点儿贵, 便宜一点儿吧! Zhège yǒudiǎnr guì, piányiyìdiǎnrba! 이것은 약간 비싸다. 좀 싸게 해주세요.
- □ 味道有点儿奇怪。   Wèidào yǒudiǎnr qíguài.   맛이 조금 이상하다.
- □ 那个孩子有点儿淘气。   Nàgeháizi yǒudiǎnr táoqì.   그 애가 조금 장난이 심하다.

练习题 그는 좀 이상하게 말했다. ....

3. 怎么这么 ~   어쩌면 이렇게 ~
zěnmezhème ~

일반적으로 정도 부사라고 하면 很, 非常 정도 사용하는 것이 대부분이었을 것이다. 怎么这么 ~ "어쩌면 이렇게 (더 과장한 표현)" 이 표현도 연습해서 사용해보자! 어쩌면 이렇게 싸니!! ☞ 怎么这么便宜!

□ 怎么这么贵！　　　　　Zěnmezhème guì!　　　　　어쩌면 이렇게 비싸니!
□ 你的孩子怎么这么高！　Nǐdeháizi zěnmezhème gāo!　너의 애가 어쩌면 이렇게 키가 크니!
□ 今天怎么这么冷！　　　Jīntiān zěnmezhème lěng!　　오늘 어쩌면 이렇게 춥니!

练习题 너는 청소를 어쩌면 이렇게 깨끗이 했지!

참고 打扫 [dǎsǎo] : 청소하다.

4. 看起来,~   보아하니 ~
kànqǐlái

V 起来 는 평가의 의미로 "~하기에"라는 뜻을 갖는다. 听起来 : 듣자하니, 说起来 : 말하기엔, 做起来 : ~하기에 (부록1- 기본어법 unit 10 방향보어 참고)

□ 看起来,你今天身体不好。　Kànqǐlái,nǐ jīntiān shēntǐ bùhǎo.　보아하니 당신은 오늘 몸이 안 좋은 듯하다.
□ 听起来,他有点儿生气。　　Tīngqǐlai, tā yǒudiǎnr shēngqì.　듣자하니 그는 약간 화가 난 듯하다.
□ 说起来很容易,做起来很难。Shuōqǐlai hěnróngyì, zuòqǐái hěnnán.　말하기는 매우 쉽지만 하기는 매우 어렵다.

练习题 보아하니 그는 홍콩에서 온 것 같아.

5. 小一号的   한 치수 작은 것
xiǎoyíhàode

이는 한국어 어순과 상반되므로 한치수 작은 것이라 하면 대부분 一号小的(X)라고 많이 틀리게 말한다. 양의 차이를 나타낼 때, 수량의 차이 표현을 연습을 통해 익혀두도록 하자. (부록1- 기본어법 unit 14 비교문 참고)

□ 세 살 많다. → 大三岁。　Dà sānsuì. / 1kg 무겁다. → 重一公斤。　Zhòng yìgōngjīn.
□ 한 세트 적다. → 少一套。Shǎo yítào. / 10분 이르다. → 早十分钟。Zǎo shífēnzhōng.

练习题 저에게 한 치수 큰 것 가져다 주세요.

Step 3 서바이벌 문장 330

🔊 MP3 001

在市场 [zàishìchǎng]

081 多少钱一盒(瓶，袋，箱，个)?
Duōshǎoqián yìhé (píng, dài, xiāng, ge)?

082 ~ 怎么卖?
~ zěnmemài?

083 阿姨，你称一下吧!
Āyí, nǐ chēngyíxiàba!

084 太贵了，便宜一点儿吧!
Tài guìle, piányiyìdiǎnrba!

085 不太新鲜，有没有别的?
Bútàixīnxiān, yǒuméiyǒu biéde?

086 涨价了吗? 上次没有这么贵。
Zhǎngjiàlema? Shàngcì méiyǒu zhèmeguì.

해석
시장에서 -

081. 한 상자에 얼마예요? (병, 봉지, 상자, 개)
082. ~ 어떻게 팔아요?
083. 아줌마, (무게를) 달아주세요.
084. 너무 비싸요. 좀 싸게 해주세요.
085. 그다지 신선하지 않네요. 다른 것 있어요?
086. 가격이 올랐어요? 저번에 이렇게 비싸지 않았어요.

DAY 05 Mission

087 有没有会员卡?
Yǒuméiyǒu huìyuánkǎ?

088 我忘带了会员卡。
Wǒ wàngdàile huìyuánkǎ.

089 能不能积分?
Néngbunéng jīfēn?

090 要不要袋子?（小票=收据）
Yàobuyào dàizi? (xiǎopiào=shōujù)

091 能不能分开装?
Néngbunéng fēnkāi zhuāng?

092 能不能分开结账?
Néngbunéng fēnkāi jiézhàng?

해석

087. 회원카드 있어요?
088. 제가 회원카드를 깜박하고 안 가져왔어요.
089. 포인트 적립이 되나요?
090. 비닐봉지 원해요, 원하지 않아요? (영수증)
091. 따로따로 담아줄 수 있어요?
092. 따로따로 계산할 수 있어요?

在服装店 [zàifúzhuāngdiàn]

093 款式还可以, 但颜色有点儿~ (深, 暗, 老气)
Kuǎnshì hái kěyǐ, dàn yánsè yǒudiǎnr~ (shēn, àn, lǎoqì)

094 有没有别的~?(款式, 颜色, 牌子)
Yǒuméiyǒu biéde~? (kuǎnshì, yánsè, páizi)

095 怎么这么贵, 你说最低的价钱吧。
Zěnmezhème guì, nǐ shuō zuìdīde jiàqiánba.

096 多少钱我都知道。
Duōshǎoqián wǒ dōu zhīdao.

097 这家是我朋友介绍给我的。
Zhèjiā shì wǒpéngyou jièshàogěiwǒde.

098 下次我一定会带来很多朋友。
Xiàcì wǒ yídìnghuì dàilái hěnduō péngyou.

해석
옷가게에서-

093. 스타일은 그런대로 괜찮은데 색깔이 좀… (진하다, 어둡다, 촌스럽다)
094. 다른…있어요? (스타일, 색깔, 상표)
095. 어쩜 이렇게 비싸요. 가장 싼 가격을 말해 보세요.
096. 얼마인지 저는 다 알아요.
097. 이 집은 제 친구가 제게 소개해 준 곳이에요.
098. 다음에 반드시 많은 친구들을 데리고 올게요.

DAY 05 Mission

099 看起来，这是假的吧。
Kànqǐlái, zhè shì jiǎde ba.

100 大小不合适的话，可以过来换吗?
Dàxiǎo bùhéshì dehuà, kěyǐ guòlái huàn ma?

101 哪儿有啊！
Nǎryǒu a!

102 你试试看吧！
Nǐ shìshi kàn ba!

103 这个跟以前买的不一样。
Zhège gēn yǐqiánmǎide bùyíyàng.

104 有点儿大，给我小一号的吧。
Yǒudiǎnrdà, gěiwǒ xiǎoyíhàode ba.

해석

099. 보기에 이건 가짜 같은데요.
100. 사이즈가 맞지 않으면 와서 바꿀 수 있나요?
101. 어디 (그런 경우가) 있어요!
102. 당신이 입어 보세요.
103. 이것은 이전에 산 것과 다르네요.
104. 좀 크네요. 한 치수 작은 것으로 가져다 주세요.

Step 4 미션 체크 연습문제

1. 다음 단어의 한어병음을 넣어 보세요. 중요 단어 쓰기

   1) 봉투 _____

   2) 가격이 오르다. _____

   3) 스타일 _____

   4) 색깔 _____

   5) 상표 _____

2. 다음 빈 칸을 채우세요. 중요 패턴 확인

   1) 이렇게 ~ 하지 않았다. _____

   ① 지난번에 이렇게 아프지 않았다. _____

   ② 작년에 이렇게 피곤하지 않았다. _____

   2) ~와 같다. (다르다) _____

   ① 내 것과 다르다. _____

   ② 저번에 산 것과 같다. _____

DAY 05 Mission

3. 아래 단어를 참고하여 다음 단어 괄호 안에 병음을 넣으세요. 중요 단어 풀이

称 (_____)　　忘 (_____)　　积 (_____)　　介 (_____)　　试 (_____)

(무게를)재다,　　잊다　　　　쌓이다, 누적되다　　~의 사이에 있다,　　(시험삼아)해보다
달다　　　　　　忘带 갖고 오는 걸　积分 적립(하다)　소개하다　　　　考试 시험(보다)
　　　　　　　　깜박했다.　　　　　　　　　　　介绍 소개하다
名称 명칭

4. 아래 빈 칸을 채우세요. 중요 문장 쓰기

1) 보아하니 이것은 가짜인 것 같군요.

　　_____, 这是假的吧。

2) 저번에 이렇게 비싸지 않았어요.

　　上次没有_____贵。

3) 제가 회원카드 가져오는 걸 깜박했어요.

　　我_____了会员卡。

4) 당신이 최저가격을 말씀해보세요.

　　你说_____的价钱。

5) 여기는 내친구가 나에게 소개한 곳이다.

　　这家是我朋友_____给我的。

6) 좀 크네요. 한치수 작은 것을 가져다 주세요.

　　有点儿大, 拿来_____。

서바이벌 실전 회화

第五课 去买衣服
옷을 사러 가다

🔊 MP3 003

- 裤子　kùzi　바지 (양사 条 tiáo)
- 第二　dì'èr　두번째
- 刷卡　shuākǎ　카드를 긁다.
- 试试　shìshi　시험삼아 해보다.
- 合适　héshì　적합하다.
- 收据　shōujù　영수증

A 欢迎光临！你要买什么？
Huānyíngguānglín! Nǐ yào mǎi shénme?

B 我要买孩子的裤子。
Wǒ yào mǎi háizide kùzi.

A 男孩儿还是女孩儿？
Nánháir háishi nǚháir?

B 男孩儿。
Nánháir.

A 男孩儿的在这边。你孩子多大？
Nánháirde zài zhèbiān. Nǐ háizi duōdà?

B 12岁。这儿写着"买两条裤子，第二条打7折"，是吗？
Shí'èrsuì. Zhèr xiězhe "mǎi liǎngtiáo kùzi, dì'èrtiáo dǎqīzhé", shìma?

A 是的。你要这两条吗？
Shìde. Nǐ yào zhèliǎngtiáo ma?

B 要！我要刷卡！
Yào! Wǒ yào shuākǎ.

A （刷卡）按密码。这儿签字！
(shuākǎ) Àn mìmǎ. Zhèr qiānzì!

B 我回家让孩子试试。如果大小不合适,可以换吗？
Wǒ huíjiā ràng háizi shìshi. Rúguǒ dàxiǎo bùhéshì, kěyǐ huànma?

A 当然可以。你拿收据来就行了。
Dāngrán kěyǐ. Nǐ ná shōujù lái jiù xíngle.

B 可不可以退钱？
Kěbukěyǐ tuìqián?

A 可以退。
Kěyǐ tuì.

 해석

A: 환영합니다. 무엇을 사시겠어요?
B: 저는 아이의 바지를 사려구요.
A: 남자애예요 여자애예요?
B: 남자애요.
A: 남자아이 것은 여기 있습니다. 아이가 몇 살이죠?
B: 12살이요. 여기 써 있기로는 두 벌을 사면 두 번째 바지는 30%할인이라는데, 그런가요?
A: 네. 당신은 이 두 벌 사려구요?
B: 네, 카드 긁을께요.
A: (카드를 긁다) 비밀번호 눌러주세요. 여기 싸인해주세요.
B: 제가 집에 가서 애한테 입혀보고
치수가 맞지 않으면 바꾸러 와도 되죠?
A: 당연히 괜찮죠. 영수증을 가져오시면 됩니다.
B: 환불도 되나요?
A: 환불 됩니다.

Word by Word Day 05

- 물건 살 때 접할 수 있는 단어
- 쇼핑할 때 쓰이는 단어

◆ 물건 살 때 접할 수 있는 단어 ◆

批发市场	pīfāshìchǎng	도매시장
商场	shāngchǎng	아케이드
减价商场	jiǎnjiàshāngchǎng	아울렛
百货	bǎihuò	백화점
超市	chāoshì	슈퍼마켓
送货	sònghuò	물건을 배달하다.
一共	yígòng	합계
全部	quánbù	전부
袋子(袋儿)	dàizi (dàir)	봉투
塑料袋儿	sùliàodàir	비닐봉투
会员卡	huìyuánkǎ	회원카드
积分卡	jīfēnkǎ	포인트카드
新鲜	xīnxiān	신선하다.
一箱	yìxiāng	한 상자
一盒	yìhé	한 박스
一包	yìbāo	한 봉지
一斤	yìjīn	한 근
装	zhuāng	담다. 포장하다.
包	bāo	싸다
分开	fēnkāi	나누다. 구별하다.
送	sòng	(공짜로)주다. 배달하다.
尽量快	jǐnliàngkuài	되도록 빨리
~以前	~yǐqián	~ 이전에
~以后	~yǐhòu	~ 한 이후에
称	chēng	(무게를) 측정하다. 달다
量	liáng	(무게, 길이, 크기를)재다. 달다

◆ 쇼핑할 때 쓰이는 단어 ◆

真的	zhēnde	진품
假的	jiǎde	가짜
便宜	piányi	싸다.
贵	guì	비싸다.
合适	héshì	적합하다.
价格	jiàgé	가격
质量	zhìliàng	품질, 질
款式	kuǎnshì	스타일, 디자인
大小	dàxiǎo	크기
长短	chángduǎn	기장
颜色	yánsè	색깔
样子	yàngzi	모양
新款	xīnkuǎn	신상품
大号(中, 小)	dàhào(zhōng,xiǎo)	큰호수(중,소)
特大号	tèdàhào	X-Large
逛街	guàngjiē	쇼핑하다.
试试	shìshi	한 번 해보다.
尝尝	chángchang	맛보다.
换	huàn	바꾸다.
退	tuì	환불하다.
牌子	páizi	상표
包	bāo	가방
跟~ 一样	gēn~yíyàng	~랑 같다.
不一样	bùyíyàng	다르다.
差不多	chàbùduō	비슷하다.
破了	pòle	파손되다. 찢어지다.
划算	huásuàn	수지(타산이) 맞다.

打折	dǎzhé	할인하다.
折扣	zhékòu	할인, 에누리
扣	kòu	공제하다. 빼다.
有名	yǒumíng	유명하다.
过时	guòshí	유행이 지나다.
时髦	shímáo	유행이다. 현대적이다.
不错	búcuò	괜찮다.
马马虎虎	mǎmǎhūhū	그저 그렇다.
还可以	háikěyǐ	그런대로다.
长	cháng	길다.
短	duǎn	짧다.
松	sōng	느슨하다. 헐겁다.
紧	jǐn	꽉 조이다.
最低价钱	zuìdījiàqián	최저가격
原价	yuánjià	원가
鞋	xié	신발
裤子	kùzi	바지
裙子	qúnzi	치마
围巾	wéijīn	스카프
袜子	wàzi	양말
手套	shǒutào	장갑
毛衣	máoyī	스웨터
外套	wàitào	잠바
衬衫	chènshān	셔츠
连衣裙	liányīqún	원피스
赔钱	péiqián	돈을 손해보다.
骗	piàn	속이다.

06

第六课 打电话订外卖
전화로 배달시키기

Survival Mission

Day 06 서바이벌 중국어 주요 미션

요즘 우리 생활 속에서 떼려야 뗄 수 없는 품목이 "핸드폰"일 것 같습니다. 때문에 전화 중국어는 꼭 필요한 학습 주제인 것이죠. 중국에서 "전화 중국어"를 꼭 배워야 하는 이유는 엄청난 노동력이 있는 중국이 배달천국이기 때문입니다. 6과에서는 배달 관련 전화 중국어를 20문장 외워보도록 합시다.

주요 미션 수행 - 총 1시간

Step 1. 새로 나온 단어 훑어보기 (10분)
▼
Step 2. 패턴 따라하기 (10분)
▼
Step 3. MP3 들으며 20문장 통으로 외우기 (30분)
▼
Step 4. 연습문제로 확인 (10분)

미션 보충 공부

서바이벌 실전회화 ABC : 실제 상황 속 회화 읽어보기

Word by Word : 중국에서 전화로 배달시키는 품목들, 전화상에 나오는 ARS 안내음성 보기

06 第六课 打电话订外卖 전화로 배달시키기

Step 1 새로 나온 단어 맛보기

	한자	발음	뜻	예문
1	喂	wèi, wéi	여보세요	喂, 你好! Wéi, nǐ hǎo! 여보세요, 안녕하세요!
2	让	ràng	~하여금…하게하다	让太太接电话。 Ràng tàitai jiēdiànhuà. 사모님 바꿔주세요.
3	接	jiē	~를 받다.	你帮我去接孩子。 Nǐ bāng wǒ qù jiēháizi. 당신이 저를 도와서 애를 픽업해줘요.
4	等一会儿	děngyíhuìr	좀 이따, 잠깐 기다리다.	等一会儿再打电话。 Děngyíhuìr zài dǎdiànhuà. 좀 이따 다시 전화할게요.
5	把	bǎ	일반적으로 대상[목적어]을 동사 앞으로 전치시킬 때 씀	把它存在前台。 Bǎtā cúnzài qiántái. 그것을 안내데스크에 맡겨주세요.
6	尽量	jǐnliàng	될 수 있는 한, 되도록…	尽量快吧! Jǐnliàng kuài ba! 되도록 빨리요!
7	存	cún	맡기다. 보관하다,	我去银行存钱。 Wǒ qù yínháng cúnqián. 저는 은행에 돈 저축하러 갑니다.
8	保安室	bǎo'ānshì	경비실	保安室在哪儿? Bǎo'ānshì zài nǎr? 경비실이 어디에 있죠?

DAY 06 Mission

	한자	발음	뜻	예문
9	前台	qiántái	안내데스크	前台在哪儿? Qiántái zài nǎr? 안내데스크가 어디에 있어요?
10	物业	wùyè	관리사무소	物业在哪儿? Wùyè zài nǎr 관리사무소가 어디에 있어요?
11	快递	kuàidì	택배	有快递送来。 Yǒu kuàidì sònglái. 배달 올 택배가 있어요.
12	预定	yùdìng	예약. 예약하다.	有没有预定? Yǒuméiyǒu yùdìng? 예약이 있나요?
13	留	liú	남다. 남기다.	麻烦您,留一下手机号码。 Máfan nín, liúyíxià shǒujīhàomǎ. 실례지만, 핸드폰 번호를 남겨주세요.
14	套	tào	씌우다.	套上鞋套进来。 Tàoshàng xiétào jìnlái. 덧신을 신고 들어오세요.
15	占线	zhànxiàn	통화중 이다.	你的电话一直占线。 Nǐde diànhuà yìzhí zhànxiàn. 당신의 전화는 계속 통화중이네요.
16	寸	cùn	인치 (약3.33cm)	这是几寸的? Zhè shì jǐcùnde? 이것은 몇 인치이죠?
17	比萨	bǐsà	피자	玛格丽特比萨 mǎgélìtè bǐsà 마게리따 피자
18	(一)些	(yì)xiē	약간, 조금	这些, 那些 zhèxiē, nàxiē 이것들, 저(그)것들
19	外卖	wàimài	외부)배달	订外卖 dìng wàimài 배달을 예약하다

Step 2 패턴 그대로 따라하기

1. S + 让 ~ +V   ~로 하여금 V 시키다.
   ràng

"让"은 "~으로 하여금 ~하게 하다." 라는 사역동사 이다. "叫[jiào]" 역시 "~ 로 하여금~하게하다" 라는 사역동사 이다. (부록1- 기본어법 unit 15 겸어문 참고)

- 我让阿姨接孩子。　　Wǒ ràng āyí jiēháizi.　　저는 아줌마한테 애를 픽업시켰어요.
- 我叫我的孩子做作业。　Wǒ jiào wǒdeháizi zuòzuòyè.　저는 제 애한테 숙제시켰어요.
- 他让我去买一样的。　Tā ràng wǒ qù mǎiyíyàngde.　그는 나에게 똑같은 것을 사러 가게 시켰어요.

练习题 나는 아줌마보고 가서 전기세 내는 것을 시켰다. _____

2. 等一会儿再 ~   좀 있다 다시 ~ 하다.
   Děngyíhuìr zài ~

"等一会儿"은 "잠깐 기다리다" 라는 뜻이지만, 뒤에 문장이 이어져 나오면 "좀 있다가, ~" 의 뜻으로 쓰인다.
좀 있다 다시 … : 等一会儿再~, 좀 있다 바로 ~ : 等一会儿就~

- 等一会儿再打电话。　Děngyíhuìr zài dǎdiànhuà.　좀 있다가 다시 전화할께요.
- 等一会儿再来。　　　Děngyíhuìr zàilái.　　　　좀 있다가 다시 올게요.
- 等一会儿就送吧!　　Děngyíhuìr jiù sòngba!　　좀 있다가 바로 배달해주세요.

练习题 좀 있다가 다시 시작합시다. _____

참고 开始 [kāishǐ] : 시작하다.

3. 尽(量)+快,早 …, 好吗?   힘 닿는대로, 될 수 있는대로
   Jǐn liàng+kuài,zǎo … , hǎoma?

"尽"은 jìn , jǐn 두가지 성조를 갖고 있다.
尽量 : 가능한 한, 되도록, 최대한 / 尽(量)快 : 되도록 빨리/ 尽(量)早 : 되도록 일찍

DAY 06 **Mission**

☐ 尽量多一点放,好吗?　　　Jǐnliàng duōyìdiǎnfàng, hǎoma?　　되도록 많이 좀 넣어주세요.
☐ 尽量快送一下,好吗?　　　Jǐnliàngkuài sòngyíxià, hǎoma?　　되도록 빨리 배달해 주세요.
☐ 明天尽量早上班,好吗?　　Míngtiān jǐnliàngzǎo shàngbān,hǎoma?　내일 되도록 일찍 출근하세요.

练习题 전 못 알아 듣겠으니, 되도록 천천히 말해주세요. _____

4. 会 ~ 的   ~ 할 것이다.
Huì~ de

"会"는 "(터득해서)~할 수 있다."는 뜻이 가장 보편적인 뜻이다. 그러나 여기서는 추측을 나타내는 "~ 할 것이다."라는 뜻으로 어미사 "的"와 호응을 이뤄 자주 표현된다. "的"는 생략도 가능하다. (부록1- 기본어법 unit7 - 능원동사(조동사) 참고)

☐ 明天会下雨的。　　　Míngtiān huì xiàyǔde.　　내일 비가 내릴 것이다.
☐ 他不会来的。　　　　Tā búhuìláide.　　　　　그는 오지 않을 것이다.
☐ 我会说汉语。　　　　Wǒ huìshuō Hànyǔ.　　　나는 중국어를 할 줄안다.

练习题 나는 내일 집에 있을 것이다. _____

5. 如果 ~ ,(就)   만약 ~ 라면 ---
Rúguǒ~ ,(jiù)

"만약 ~ 라면"이라는 가정문을 만드는 패턴은 【如果~的话，就...】로서 이 성분 중에서 하나만 있어도 가정문을 만들 수 있다.

☐ 如果你回家,就打电话。　　　Rúguǒ nǐ huíjiā, jiùdǎdiànhuà.　　만약 집에 돌아가게 되면, 전화줘요.
☐ 你身体不舒服的话,下班吧。　Nǐshēntǐ bùshūfu dehuà,xiàbānba.　몸이 불편하면, 퇴근해요.

练习题 만일 맞지 않으면 내일 와서 바꿀 수 있니? _____

제6강 전화로 배달시키기 미션 1과정 • **097**

Step 3 서바이벌 문장 330

🔊 MP3 001

105 喂，那儿有没有会说韩语的?
Wéi, nàr yǒuméiyǒu huìshuō Hányǔde?

106 让(=请)韩国人接(=听)电话, 好吗?
Ràng(=qǐng) Hánguórén jiē(=tīng) diànhuà, hǎoma?

107 我等一会儿再打。
Wǒ děngyíhuìr zàidǎ.

108 可以马上送吗? 大概要多长时间?
Kěyǐ mǎshàng sòng ma? Dàgài yào duōchángshíjiān?

109 尽量快一点儿, 好吗?
Jǐnliàng kuàiyìdiǎnr, hǎoma?

해석

105. 여보세요, 한국어 할 줄 아는 사람 계세요?
106. 한국사람 좀 바꿔줘요, 괜찮죠?
107. 제가 좀 있다가 다시 전화할게요.
108. 바로 배달할 수 있어요? 대략 얼마나 걸리나요?
109. 되도록이면 빨리요, 괜찮죠?

DAY 06 Mission

110 最近什么水果好吃?
Zuìjìn shénme shuǐguǒ hǎochī?

111 你好！我是快递。
Nǐ hǎo! Wǒ shì kuàidì.

112 我不在家, 阿姨在家。
Wǒ búzàijiā, āyí zàijiā.

113 阿姨会收(=接)的！
Āyí huì shōu(=jiē) de!

114 麻烦您, 把它存在<u>一楼的保安室</u>。
(前台, 物业)
Máfan nín, bǎtā cúnzài yìlóu de bǎo'ānshì. (qiántái, wùyè)

해석

110. 최근에 무슨 과일이 맛있죠?
111. 안녕하세요, 저는 택배기사입니다.
112. 저는 집에 없어요. 아줌마가 집에 있어요.
113. 아줌마가 받을 거예요.
114. 죄송한데, 물건을 1층의 경비실에 맡겨 주세요.(안내데스크, 아파트 사무실)

115 喂，你好！我要预定一下。 晚上7点，6位。
Wéi, nǐhǎo! Wǒ yào yùdìng yíxià. Wǎnshang qīdiǎn, liùwèi.

116 麻烦您，留一下您的手机号码。
Máfan nín , liúyíxià nínde shǒujīhàomǎ.

117 一共要十斤。五斤，五斤分开装。
Yígòng yào shíjīn. Wǔjīn, wǔjīn fēnkāi zhuāng.

118 多套个袋子吧。
Duō tào ge dàizi ba.

119 你的电话一直占线。
Nǐdediànhuà yìzhí zhànxiàn.

해석

115. 여보세요, 안녕하세요! 예약 좀 하려고요. 저녁 7시, 6명이요.
116. 죄송한데요, 당신의 핸드폰 번호를 남겨주세요.
117. 모두 합쳐 10근이요. 5근 5근 나눠서 담으세요.
118. 비닐봉지로 더 싸주세요.
119. 당신 전화가 계속 통화 중입니다.

DAY 06 Mission

120 你们的比萨最大的是几寸的?
Nǐmen de bǐsà zuìdàde shì jǐcùnde?

121 如果五个人吃，这些够不够?
Rúguǒ wǔgerén chī, zhèxiē gòubúgòu?

122 可不可以慢一点儿说?
Kěbukěyǐ mànyìdiǎnr shuō?

123 我从1点到4点在家。
Wǒ cóng yìdiǎn dào sìdiǎn zàijiā.

124 你按这个时间送来吧!
Nǐ àn zhègeshíjiān sòngláiba!

해석

120. 거기 피자 중 가장 큰 사이즈가 몇 인치예요?
121. 만일 5명이 먹는다면 이것들로 충분한가요?
122. 천천히 말씀해 주실 수 있나요?
123. 저는 1시부터 4시까지 집에 있습니다.
124. 당신은 이 시간에 맞춰서 배달해 주세요.

Step 4 미션 체크 연습문제

1. 다음 단어의 한어병음을 넣어 보세요. 중요 단어 쓰기

1) (전화를) 받다.　　　　　　　 _____
2) 될 수 있는 한, 되도록이면　 _____
3) 가르다. 따로 따로 하다.　　 _____
4) 맡기다. 보관하다.　　　　　 _____
5) 담다 포장하다.　　　　　　　 _____

2. 다음 빈 칸을 채우세요. 중요 패턴 확인

1) ~ 한테 … 하게 하다.　　　　 _____

　① 아줌마한테 애를 픽업시키다.　 _____

　② (전화) 애 좀 바꿔주세요.　　　 _____

2) ~ 에 맡겨주세요.　　　　　　 _____

　① 1층에 맡겨주세요.　　　　　　 _____

　② 프론트에 맡겨주세요.　　　　　 _____

3. 아래 단어를 참고하여 다음 단어 괄호 안에 병음을 넣으세요. 중요 단어 풀이

接 (　　　)　　袋 (　　　)　　装 (　　　)　　留 (　　　)　　线 (　　　)
받다, 맞이하다　　봉투　　담다, 설치하다　　남기다　　선

接孩子 아이를 픽업하다.　　袋子 봉투　　装修 인테리어하다.　　留学生 유학생　　无线 무선

4. 아래 빈 칸을 채우세요. 중요 문장 쓰기

1) 한국인 좀 바꿔줘요, 좋아요?

　　让韩国人＿＿＿＿＿电话, 好吗?

2) 바로 배달할 수 있나요? 얼마나 걸리나요?

　　可以＿＿＿＿＿送吗? 大概要＿＿＿＿＿?

3) 우리 아줌마가 물건을 받을 거예요.

　　我阿姨＿＿＿＿＿收 (接) 东西＿＿＿＿＿。

4) 5근 5근 씩 나눠서 담으세요.

　　五斤, 五斤＿＿＿＿＿装吧。

5) 비닐봉지로 더 싸주세요.

　　多＿＿＿＿＿个袋子吧。

6) 만일 5사람이 먹는다면 이것으로 충분합니까?

　　＿＿＿＿＿五个人吃, 这些够不够?

서바이벌 실전 회화

第六课 打电话买水果

전화해서 과일주문하기

🔊 MP3 003

- 柚子　yòuzi　유자
- 橘子　júzi　귤
- 葡萄　pútao　포도
- ~ 呀 ya(啊 a) …呀 ya(啊 a) ~,… 몇 개의 사항을 열거할 때 쓰임
- 左右　zuǒyòu　즈음. 정도

A 喂，是卖水果的吧。
Wéi, shì mài shuǐguǒde ba.

B 是的。
Shìde.

A 我要买的不多也可以送吗?
Wǒ yàomǎide bùduō yě kěyǐ sòngma?

B 你住哪儿?
Nǐ zhù nǎr?

A 我住名都城。
Wǒ zhù míngdūchéng.

B 那没事, 你要什么?
Nà méishì, nǐ yàoshénme?

A 最近哪个水果好吃?
Zuìjìn nǎgeshuǐguǒ hǎochī?

B 柚子呀,葡萄呀,橘子呀,什么的。
Yòuzi ya, pútao ya, júzi ya shénmede.

A 那来一个柚子,两斤葡萄。还有……,橘子怎么卖?
Nà lái yíge yòuzi, liǎngjīn pútao. Háiyǒu……,júzi zěnmemài?

B 八块一斤。
Bākuài yìjīn.

A 那来两斤橘子吧。就这样。最快什么时候能到?
Nà lái liǎngjīn júzi ba. Jiù zhèyàng. Zuìkuài shénmeshíhou néngdào?

B 大概要一个小时左右。我们尽量快一点吧。
Dàgài yào yígexiǎoshízuǒyòu. Wǒmen jǐnliàng kuàiyìdiǎnr ba.

해석

A: 안녕하세요! 과일 파는 곳이죠.
B: 네 맞습니다.
A: 제가 사려고 하는 것이 많지 않은데 배달되나요?
B: 사시는 곳이 어디신데요?
A: 저는 명도성 살아요.
B: 당신은 어떤 것이 필요하나요?
A: 요즘 어떤 과일이 맛있나요?
B: 유자든 포도든 귤이든 다 괜찮아요.
A: 그럼 유자 한 개, 포도 두 근, 그리고 음.. 귤은 어떻게 팔아요?
B: 한 근에 8원이요.
A: 그럼 귤 두 근 주세요. 이렇게요. 가장 빨리오면 언제 도착하나요?
B: 대략 한 시간 정도 걸려요, 되도록 빨리 갈게요.

Word by Word
Day 06

- 전화 통화와 관련한 단어
- 피자 및 치킨 주문과 관련 단어
- 여러가지 잡곡
- 과일 관련한 단어
- 전화상에서 들을 수 있는 안내음성

◈ 전화 통화와 관련한 단어 ◈

跟 ~ 联系	gēn ~ liánxì	~와 연락하다.
电话号码	diànhuàhàomǎ	전화번호
手机号码	shǒujīhàomǎ	핸드폰 번호
占线	zhànxiàn	통화 중이다.
通话中	tōnghuàzhōng	통화 중이다.
使用中	shǐyòngzhōng	사용 중이다.
没有应答	méiyǒuyìngdá	응답이 없다.

用户	yònghù	사용자
关机	guānjī	전원을 끄다.
接电话	jiēdiànhuà	전화를 받다.
挂电话	guàdiànhuà	전화를 끊다.
拨(打)	bō(dǎ)	누르다. (걸다)
无法接通	wúfǎjiētōng	연결이 안된다.
转告	zhuǎngào	전해주다.

◈ 피자 및 치킨 주문과 관련 단어 ◈

速食店	sùshídiàn	패스트푸드점
几寸的	jǐcùnde	몇 인치
什锦比萨	shíjǐnbǐsà	콤비네이션
夏威夷比萨	xiàwēiyíbǐsà	하와이안피자
芝士比萨	zhīshìbǐsà	치즈피자
美式比萨	měishìbǐsà	페퍼로니피자
芝士夹心的	zhīshìjiāxīnde	치즈크러스트

炸鸡翅	zhájīchì	닭날개튀김
炸薯条	zháshǔtiáo	후렌치후라이
淡炸鸡	dànzhájī	후라이드치킨
鲜味炸鸡	xiānwèizhájī	양념치킨
地址	dìzhǐ	주소
留下手机号码	liúxià shǒujīhàomǎ	핸드폰번호를 남기다.
确认	quèrèn	확인하다.

◈ 여러가지 잡곡 ◈

芝麻	zhīma	깨	糯米	nuòmǐ	찹쌀
绿豆	lǜdòu	녹두	黄米	huángmǐ	기장
红豆	hóngdòu	팥	高粱	gāoliàng	수수
大米	dàmǐ	쌀	栗子	lìzi	밤
糙米	cāomǐ	현미	花生	huāshēng	땅콩
红枣	hóngzǎo	대추	松子	sōngzǐ	잣
腰果	yāoguǒ	캐슈넛	杏仁	xìngrén	아몬드
去皮的	qùpíde	껍질제거한 것	核桃 (=胡桃)	hétao, (=hútao)	호두

◈ 과일 관련한 단어 ◈

怎么卖	zěnmemài	얼마에요?	哈密瓜	hāmìguā	하미과
一斤	yìjīn	한 근	西瓜	xīguā	수박
苹果	píngguǒ	사과	柚子 (红心, 白心)	yòuzi (hóngxīn, báixīn)	여우즈 (빨간속, 하얀속)
橘子	júzi	귤	猕猴桃	míhóutáo	키위
葡萄	pútao	포도	香蕉	xiāngjiāo	바나나
桃子	táozi	복숭아	火龙果 (红心, 白心)	huǒlóngguǒ (hóngxīn, báixīn)	화룡과 (빨간속, 하얀속)
梨	lí	배	榴莲	liúlián	두리안
芒果	mángguǒ	망고	软	ruǎn	부드럽다.
蓝莓	lánméi	블루베리	硬	yìng	딱딱하다.
草莓	cǎoméi	딸기	熟	shóu, shú	익다.
牛油果	niúyóuguǒ	아보카도	烂	làn	흐물거리다.

◆ **전화 상에서 들을 수 있는 안내음성** ◆

✓ 你好！你所拨打的用户没有应答，请稍后再拨。
Nǐ hǎo! Nǐ suǒbōdǎde yònghù méiyǒuyìngdá, qǐng shāohòu zàibō.
안녕하세요. 당신이 건 이용자는 응답이 없습니다. 잠시후 다시 전화하세요.

✓ 你好！你所拨打的用户正在通话中，请稍后再拨。
Nǐ hǎo! Nǐ suǒbōdǎde yònghù zhèngzài tōnghuàzhōng, qǐngshāohòu zàibō.
안녕하세요. 당신이 건 이용자는 통화중이오니 잠시후 다시 전화하세요.

✓ 请不要挂机，您所拨打的电话正在通话中，请稍后。
Qǐng búyào guàjī, Nín suǒbōdǎde diànhuà zhèngzài tōnghuàzhōng, qǐngshāohòu.
전화 끊지 마세요. 당신이 건 전화는 통화중이오니 잠시만 기다리세요.

✓ 你好，你所拨的用户暂时无法接通，请稍后再拨。
Nǐ hǎo! Nǐ suǒbōde yònghù zànshí wúfǎ jiētōng , qǐng shāohòu zàibō.
안녕하세요. 당신이 건 이용자는 잠시 연결이 안되고 있으니 잠시 후 다시 전화하세요.

✓ 你好！你所拨的号码是空号，请查证后再拨。
Nǐ hǎo! Nǐ suǒbōdehàomǎ shì kōnghào, qǐng cházhènghòu zàibō.
안녕하세요. 당신이 건 번호는 없는 번호이오니 찾아보시고 다시 전화하세요.

✓ 对不起！你所拨的号码已停机。
Duìbuqǐ ! Nǐ suǒbōdehàomǎ yǐtíngjī.
죄송합니다. 당신이 건 번호는 이미 정지된 번호입니다.

✓ 对不起！你所拨的号码已关机。
Duìbuqǐ ! Nǐ suǒbōdehàomǎ yǐguānjī.
죄송해요! 당신이 건 번호는 이미 전원이 꺼져 있습니다.

메모

第七课　去做按摩时
마사지 갔을 때

Survival Mission

Day 07 서바이벌 중국어 주요 미션

중국을 잠깐 여행가더라도 중국여행에 꼭 들어가는 코스가 "발 마사지" 입니다. 중국에 사시는 분들에게도 물론 필수 회화이기도 합니다. 마사지 받으러 가서 필요한 20문장을 외워 봅시다.

주요 미션 수행 - 총 1시간

Step 1. 새로 나온 단어 훑어보기 (10분)
▼
Step 2. 패턴 따라하기 (10분)
▼
Step 3. MP3 들으며 20문장 통으로 외우기 (30분)
▼
Step 4. 연습문제로 확인 (10분)

미션 보충 공부

서바이벌 실전회화 ABC : 실제 상황 속 회화 읽어보기

Word by Word : 마사지, 미용실, 네일 케어와 관련한 다양한 단어 및 신체용어 찾아보기

07 第七课 去做按摩时 마사지 갔을 때

Step 1 새로 나온 단어 맛보기

	한자	발음	뜻	예문
1	足底	zúdǐ	발마사지	我要足底。 Wǒ yào zúdǐ. 저는 발마사지를 원해요.
2	全身	quánshēn	전신	他要全身。 Tā yào quánshēn. 그는 전신마사지를 원해요.
3	换衣服	huànyīfu	옷을 갈아입다.	你去换衣服。 Nǐ qù huàn yīfu. 당신은 가서 옷을 갈아입으세요
4	得	děi	~해야한다.	我得回家。 Wǒ děi huíjiā. 저는 집에 돌아가야 합니다.
5	脱	tuō	벗다.	你脱下外套。 Nǐ tuōxià wàitào. 외투를 벗으세요.
6	技师	jìshī	안마사(기술자)	我要女的技师。 Wǒ yào nǚde jìshī. 저는 여자 안마사를 원해요.
7	安排	ānpái	(인원,시간을) 안배하다. 배정하다.	你先安排你的时间。 Nǐ xiān ānpái nǐde shíjiān. 당신은 먼저 시간을 정하세요.
8	痒	yǎng	가렵다.	有点儿痒。 Yǒudiǎnr yǎng. 좀 가렵습니다.
9	脖子	bózi	목	多按一下脖子。 Duō ànyíxià bózi. 목을 많이 안마해주세요.
10	肩膀	jiānbǎng	어깨	多按一下肩膀。 Duō ànyíxià jiānbǎng. 어깨를 많이 안마해주세요.

	한자	발음	뜻	예문
11	腰	yāo	허리	多按一下腰。 Duō ànyíxià yāo. 허리를 많이 안마해 주세요.
12	酸痛	suāntòng	쑤시고 아푸다.	我的腰酸痛。 Wǒdeyāo suāntòng. 나의 허리가 쑤시고 아파요.
13	睡眠	shuìmián	수면	最近睡眠不够。 Zuìjìn shuìmián búgòu. 요즘에 수면이 충분치 않습니다.
14	放松	fàngsōng	정신적 긴장을 풀다.	你放松一点儿! Nǐ fàngsōng yìdiǎnr! 긴장을 좀 푸세요!
15	趴	pā	엎드리다.	先趴着吧! Xiān pāzheba! 먼저 엎드리세요.
16	翻	fān	뒤집다.	翻过来! Fānguòlái! 뒤집으세요.
17	毛毯	máotǎn	담요, 모포	给我两个毛毯。 Gěiwǒ liǎngge máotǎn. 저에게 담요 두 개 주세요.
18	盖上	gàishang	덮다.	盖上盖子。 Gàishang gàizi. 뚜껑을 덮어주세요.
19	修脚	xiūjiǎo	발을 손질하다.	给我修脚! Gěiwǒ xiūjiǎo! 저에게 발 손질을 해주세요.
20	歇	xiē	쉬다.	歇一会儿吧! Xiēyíhuìr ba! 잠시 휴식하세요.

Step 2 패턴 그대로 따라하기

1. 得~ ~해야한다.
děi

得 는 조동사(능원동사)로 쓰일 때는 "~ 해야한다" 뜻으로 사용한다. 이외에 要, 应该 등도 "~ 해야한다"라는 의무의 뜻을 갖는 조동사이다. (부록1- 기본어법 unit 7 능원동사 참고)

- ☐ 我得早点儿回家。　　Wǒ děi zǎodiǎnr huíjiā.　　나는 일찍 집에 가야한다.
- ☐ 得做作业。　　　　　Děi zuòzuòyè.　　　　　숙제를 해야한다
- ☐ 你得小心。　　　　　Nǐ děi xiǎoxīn.　　　　　너는 조심해야한다.

练习题 당신은 3시 이전에 배달해 주셔야 해요. _____

2. 按得好的 안마 잘 하는 사람
àndehǎode

V得好 는 정도보어의 형태로 해석하면 "잘한다." V得好的 는 "잘 하는 사람". V得最好的 는 "가장 잘하는 사람"
(부록1- 기본어법 unit 5 정도보어 참고)

- ☐ 谁是跑得最好的?　　Shuí shì pǎode zuìhǎode?　　누가 가장 잘 달리는 사람이니?
- ☐ 写得好的　　　　　　Xiědehǎode　　　　　　　　(글씨를) 잘 쓰는 사람
- ☐ 他是学得最好的。　　Tā shì xuéde zuìhǎode.　　그는 공부를 가장 잘 하는 사람이다.

练习题 나는 그가 (공을) 가장 잘 차는 사람이라고 생각한다. _____

3. 형용사 一点儿, 好吗? 좀 ~ 해주세요.
yìdiǎnr, hǎoma?

형용사+一点儿 은 청유 및 권유하는 뜻을 갖는다. (부록1- 기본어법 unit 1 一点儿 참고)

DAY 07 Mission

☐ 轻一点儿,好吗?   Qīngyìdiǎnr, hǎoma?   좀 가볍게 해주세요.
☐ 放松一点儿,好吗?   Fàngsōngyìdiǎnr, hǎoma?   긴장을 좀 푸세요.
☐ 便宜一点儿,好吗?   Piányiyìdiǎnr, hǎoma?   좀 싸게 해주세요.

练习题 좀 싸게 해주세요. _____

4. V 过来   방향을 바꿔 이쪽 방향으로 되거나, 정상적인 상태로 되돌리는 의미 보충
V guòlai

V过来에서 过来는 a) 방향을 바꿔 이쪽 방향이 되거나, b)본래의 정상적인 상태로 되돌리는 뜻을 보충하는 방향보어로 사용된다. (부록1- 기본어법 unit 10 방향보어 참고)

☐ 转过来!   Zhuǎnguòlai!   돌리세요.
☐ 翻过来!   Fānguòlai!   뒤집으세요.
☐ 醒过来!   Xǐngguòlai!   (잠에서) 일어나세요!

练习题 그는 뛰어들어왔다. _____

5. V 上   1.사물이 일정한 위치에 도달했음을 보충하는 뜻 2. (위에 얹다) 라는 의미 보충
V shang

上 이 동사 뒤에 보어로 쓰일 때, a)원래 뜻인 위로 향함(爬上,走上,~)을 나타내기도 하지만, b) 사물이 일정한 위치에 도달했음을 보충하는 뜻을 갖기도 한다. 여기에서 (b)에 해당하는 예문을 보자. (부록1- 기본어법 unit 9 결과보어 참고)

☐ 他把窗户关上了。   Tā bǎchuānghu guānshangle.   그는 창문을 닫아두었다.
☐ 你穿上大衣吧。   Nǐ chuānshang dàyība.   겉옷을 입으세요.
☐ 戴上帽子。   Dàishang màozi.   모자를 쓰다.

练习题 아줌마가 문을 닫아두지 않았다. _____

Step 3 서바이벌 문장 330

🔊 MP3 001

125 两个人要足底，一个人要全身。
Liǎnggerén yào zúdǐ, yígerén yào quánshēn.

126 我要换衣服。
Wǒ yào huàn yīfu.

127 内衣也要脱吗?
Nèiyī yě yào tuōma?

128 我要女的 / 男的(技师)。
Wǒ yào nǚde / nánde (jìshī).

129 你安排一下按得好的(技师)吧。
Nǐ ānpáiyíxià àndehǎode (jìshī) ba.

해석

125. 두 사람은 발 마사지하고 한 사람은 전신마사지요.
126. 저는 옷을 갈아 입을 거에요.
127. 속옷도 벗어야 하나요?
128. 저는 여자(안마사) / 남자(안마사) 로 원해요.
129. 안마 잘하는 사람으로 배정해 주세요.

DAY 07 Mission

130 你哪儿不舒服？
Nǐ nǎr bùshūfu?

131 脖子很酸 / 痛 / 酸痛。
Bózi hěn suān / tòng / suāntòng.

132 头 / 腰 / 肩膀多按一下吧！
Tóu / yāo / jiānbǎng duō ànyíxiàba!

133 很痛, 轻一点儿, 好吗？
Hěntòng, qīngyìdiǎnr, hǎoma?

134 很痒, 重一点儿, 好吗？
Hěnyǎng, zhòngyìdiǎnr, hǎoma?

해석

130. 어디가 불편하세요?
131. 목이 매우 쑤셔요 / 아파요 / 쑤시고 아파요.
132. 머리 / 허리 / 어깨를 많이 안마해 주세요.
133. 아파요. 좀 가볍게 해주세요.
134. 간지러워요. 좀 세게 해주세요.

135 怎么样？力度可以吗？— 很舒服。
Zěnmeyàng? Lìdùkěyǐma? --- hěnshūfu.

136 最近睡眠不够 / 最近太累了 / 消化不好。
zuìjìn shuìmián búgòu / zuìjìn tàilèile / xiāohuàbùhǎo.

137 你放松一点儿。不要紧。
Nǐ fàngsōngyìdiǎnr. Búyàojǐn.

138 你先趴着。→ 翻过来 / 转过来
Nǐ xiānpāzhe. → Fānguòlái / zhuǎnguòlái

139 请给我拿毛毯吧。盖上毛毯。
Qǐng gěiwǒ ná máotǎn ba. Gàishang máotǎn.

해석

135. 어때요? (안마) 힘이 적당한가요? -- 매우 편합니다.
136. 요즘 수면이 부족해요 / 요즘 너무 피곤해요 / 소화가 잘 안돼요.
137. 힘을 빼요. 긴장하지 말구요.
138. 당신 먼저 엎드려요 - 뒤집어요 / 돌려요.
139. 저한테 담요 좀 가져다 주세요. 담요를 덮으세요.

DAY 07 Mission

140 水温合适吗?
Shuǐwēn héshìma?

141 很烫，加点儿凉水(热水)。
Hěn tàng, jiādiǎnr liángshuǐ (rèshuǐ).

142 要不要修脚（眉毛）?
Yàobuyào xiūjiǎo (méimao)?

143 你歇(休息)一会儿吧！
Nǐ xiē(xiūxi) yíhuìr ba!

144 办会员卡，打九折。
Bàn huìyuánkǎ, dǎjiǔzhé.

해석

140. 물 온도가 적당합니까?
141. 매우 뜨겁습니다. 찬물 좀 넣어 주세요. (뜨거운 물)
142. 발 손질 하실래요? (눈썹)
143. 휴식 좀 하세요.
144. 회원카드를 만들면 10% 할인됩니다.

Step 4 미션 체크 연습문제

1. 다음 단어의 한어병음을 넣어 보세요. 중요 단어 쓰기

1) 발마사지 _____

2) (인원,시간을) 배정하다 _____

3) 벗다 _____

4) 담요, 모포 _____

5) 발톱(발바닥) 손질하다 _____

2. 다음 빈 칸을 채우세요. 중요 패턴 확인

1) ~ 잘하는 사람 : _____

① 안마 잘하는 사람 / 말 잘하는 사람 _____

② 음식 잘하는 사람 / 글씨 잘 쓰는 사람 _____

2) 먼저 엎드려 있어요. _____

① 먼저 앉아서 기다리세요. _____

② 누워서 쉬고 있어요. (눕다 : 躺 tǎng) _____

3. 아래 단어를 참고하여 다음 단어 괄호 안에 병음을 넣으세요. 중요 단어 풀이

修 (　　　)　　　毯 (　　　)　　　技 (　　　)　　　翻 (　　　)　　　酸 (　　　)
수리하다, 고치다　　담요　　　능력, 재능　　　뒤집다, 번역하다　　시다, 쓰시다

维修 수리하다　　毛毯 담요　　技术 기술　　翻译 번역하다　　酸奶 요구르트

4. 아래 빈 칸을 채우세요. 중요 문장 쓰기

1) 속옷도 벗어야 하나요?

   内衣也＿＿＿＿＿＿＿＿吗?

2) 당신이 안마 잘하는 사람으로 배정해 주세요.

   你安排一下＿＿＿＿＿＿＿＿吧!

3) 아파요! 가볍게 해주세요!

   很痛, ＿＿＿＿＿＿＿＿一点儿, 好吗?

4) 당신은 먼저 엎드려 있으세요.

   你先＿＿＿＿＿＿＿＿着。

5) 매우 뜨거우니, 찬물 좀 더 넣어주세요.

   很＿＿＿＿＿＿, ＿＿＿＿＿＿点儿凉水。

6) 발톱 손질을 할까요?

   要不要＿＿＿＿＿＿＿＿脚?

서바이벌 실전 회화

第七课 去做按摩时

마사지 갔을 때

🔊 MP3 003

- 预约　yùyuē　예약하다.
- 特价　tèjià　특가
- 全身　quánshēn　전신
- 足底　zúdǐ　발마사지
- 办会员卡　bàn huìyuánkǎ　회원카드를 만들다.
- 腰　yāo　허리
- 酸痛　suāntòng　쑤시고 아프다.

A 你好！我预约了两点。
Nǐhǎo! Wǒ yùyuēle liǎngdiǎn.

B 你要做什么？
Nǐ yào zuò shénme?

A 我要做全身。
Wǒ yào zuò quánshēn.

B 我们现在有特价的。
Wǒmen xiànzài yǒu tèjiàde.

全身一个小时加足底半个小时，98元。
Quánshēn yígexiǎoshí jiā zúdǐ bànge xiǎoshí, jiǔshíbāyuán.

A 办会员卡打几折?
Bànhuìyuánkǎ dǎ jǐzhé?

B 这是特价的,不打折。
Zhè shì tèjiàde, bùdǎzhé.

A 那我要这套吧。
Nà wǒ yào zhètào ba.

C 你先趴着吧。有什么特别不舒服的地方吗?
Nǐ xiān pāzheba.　Yǒushénme tèbié bùshūfude dìfang ma?

A 我的腰很酸痛,多按一下吧!
Wǒdeyāo hěn suāntòng, duō ànyíxiàba!

해석

A: 안녕하세요! 저 2시에 예약했어요.
B: 뭐 하시겠어요?
A: 저 전신마사지 하려구요.
B: 우리 지금 특가 상품 있어요.
　 전신 한 시간에, 발 마사지 30분 더해서 98원이에요.
A: 카드 만들면 몇프로 할인해줘요?
B: 이건 특가라 할인은 없어요.
A: 그럼 이 세트로 하죠.
C: 먼저 엎드려주세요.
　 어디 특별히 불편하신 곳 있어요?
A: 저는 허리가 저리면서 아파요.
　 더 많이 안마 해주세요

- 안마, 피부마사지 할 때 알아두어야 할 말들
- 안마 및 피부 마사지 종류
- 불편한 증상 및 신체 내부위
- 미용실에서 쓰여지는 단어
- 네일 케어 샵에서 쓰여지는 단어
- 신체를 지칭하는 단어

◆ 안마, 피부마사지 할 때 알아두어야 할 말들 ◆

坐这边	zuòzhèbiān	여기 앉으세요.		重一点儿	zhòngyìdiǎnr	좀 세게
坐那边	zuònàbiān	저기 앉으세요.		轻一点儿	qīngyìdiǎnr	좀 약하게
先趴着	xiānpāzhe	먼저 엎드리세요.		面部护理	miànbùhùlǐ	얼굴관리
翻过来	fānguòlái	뒤집어요.		修眉毛	xiūméimao	눈썹을 손질하다.
躺着	tǎngzhe	누워 있어요.		抹防晒油	mǒfángshàiyóu	썬크림을 바르다.
放松一点儿	fàngsōngyìdiǎnr	긴장을 푸세요		面膜	miànmó	팩
毛毯	máotǎn	담요, 모포		美白	měibái	미백
泡脚	pàojiǎo	발을 담그다.		盖上眼睛	gàishang yǎnjing	눈 위를 덮다.
烫	tàng	뜨겁다.		洗脸	xǐliǎn	세수하다.
凉水	liángshuǐ	차가운 물		洗头发	xǐtóufa	머리를 감다.
热水	rèshuǐ	뜨거운 물		洗澡	xǐzǎo	목욕하다.

◆ 안마 및 피부마사지 종류 단어 ◆

足底	zúdǐ	발마사지		修脚	xiūjiǎo	발톱 손질
全身	quánshēn	전신마사지		拔罐儿	báguànr	부항
局部	júbù	부분마사지		刮痧	guāshā	과사
头肩	tóujiān	머리 어깨		推拿	tuīná	마사지
背部	bèibù	등		精油按摩	Jīngyóu'ànmó	아로마 마사지

◆ 불편한 증상 및 신체부위 ◆

全身不舒服	quánshēn bùshūfu	온몸이 편치 않다.
睡眠不够	shuìmiánbúgòu	수면 부족
消化不好	xiāohuàbùhǎo	소화가 좋지 않다.
颈椎不好	jǐngzhuībùhǎo	경추가 좋지 않다.
循环不好	xúnhuánbùhǎo	순환이 잘 안된다.
腰痛	yāotòng	허리가 아프다.
腰酸	yāosuān	허리가 시리다.
疲劳	píláo	피로하다.
落枕	làozhěn	결리다. 담이 오다.

血位	xuèwèi	혈자리
肌肉	jīròu	근육
骨头	gǔtóu	뼈
胃	wèi	위
心脏	xīnzàng	심장
肝	gān	간
肺	fèi	폐
扭了	niǔle	삐었다.
抽筋	chōujīn	쥐가 나다.

◆ 미용실에서 쓰여지는 단어 ◆

美容院	měiróngyuàn	미용실
剪头发	jiǎntóufa	머리를 자르다
烫发	tàngfà	파마하다
染发	rǎnfà	머리를 염색하다
洗头	xǐtóu	머리를 감다

洗发水(=露)	xǐfàshuǐ (=lù)	샴푸
润发水(=露)	rùnfàshuǐ (=lù)	컨디셔너
剪到这里	jiǎndàozhèli	여기까지 자르다.
染成这个颜色	rǎnchéng zhègeyánsè	이 색깔로 염색하다.
分层次剪发	fēncéngcìjiǎnfà	층으로 자르다

◆ 네일 케어 샵에서 쓰여지는 단어 ◆

美甲	měijiǎ	네일아트
修手	xiūshǒu	손을 케어하다.
指甲	zhǐjiǎ	손톱
甲油	jiǎyóu	메니큐어
底油	dǐyóu	베이스코트
亮油	liàngyóu	탑코트
要不要剪?	yàobuyàojiǎn	자를까요?
形状	xíngzhuàng	형태
方形	fāngxíng	네모형
圆形	yuánxíng	원형

甲胶（QQ）	jiǎjiāo (QQ)	젤
修脚	xiūjiǎo	발을 손질하다.
睫毛延长	jiémáoyáncháng	속눈썹연장
卸颜色	xièyánsè	컬러를 지우다.
涂颜色	túyánsè	컬러를 칠하다
去死皮	qùsǐpí	굳은살을 제거하다.
磨	mó	갈다. 문지르다.
色版	sèbǎn	컬러 판
破了	pòle	흠집났다.
干了	gānle	건조되었다.

◆ 신체를 지칭하는 단어 ◆

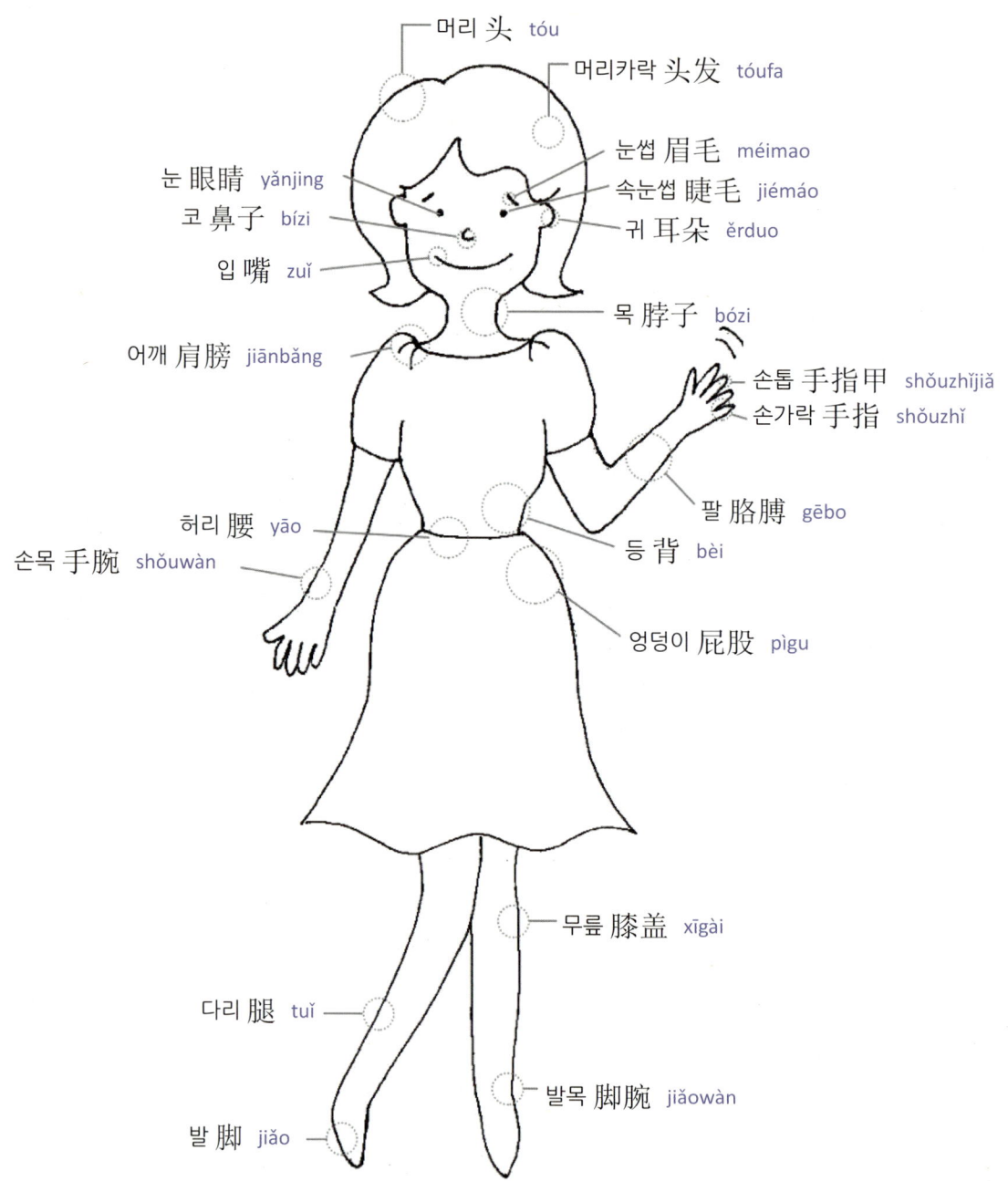

메모

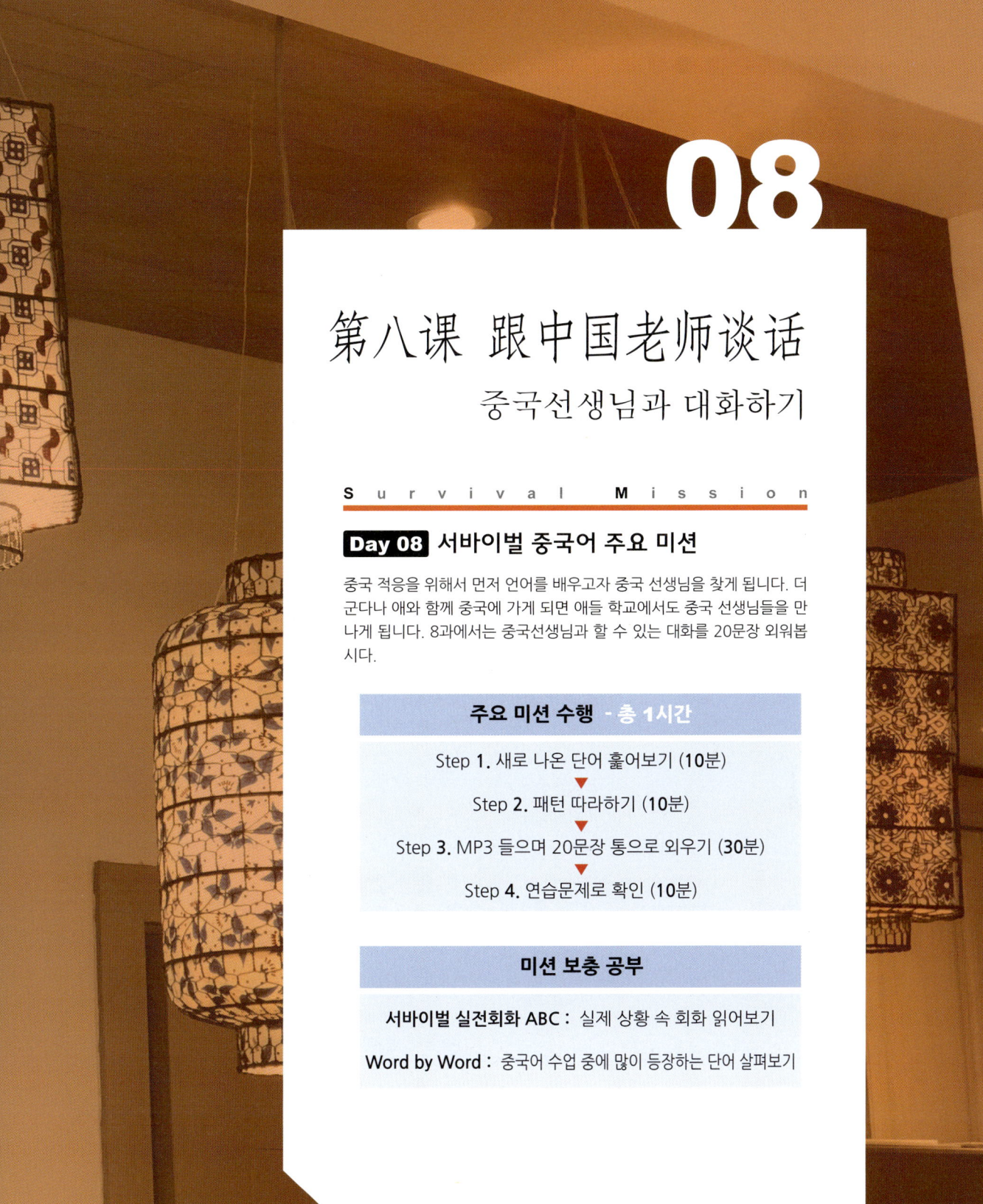

第八课 跟中国老师谈话
중국선생님과 대화하기

Survival Mission

Day 08 서바이벌 중국어 주요 미션

중국 적응을 위해서 먼저 언어를 배우고자 중국 선생님을 찾게 됩니다. 더군다나 애와 함께 중국에 가게 되면 애들 학교에서도 중국 선생님들을 만나게 됩니다. 8과에서는 중국선생님과 할 수 있는 대화를 20문장 외워봅시다.

주요 미션 수행 - 총 1시간

Step 1. 새로 나온 단어 훑어보기 (10분)
▼
Step 2. 패턴 따라하기 (10분)
▼
Step 3. MP3 들으며 20문장 통으로 외우기 (30분)
▼
Step 4. 연습문제로 확인 (10분)

미션 보충 공부

서바이벌 실전회화 ABC : 실제 상황 속 회화 읽어보기

Word by Word : 중국어 수업 중에 많이 등장하는 단어 살펴보기

08 第八课 跟中国老师谈话 중국선생님과 대화하기

Step 1 새로 나온 단어 맛보기

	한자	발음	뜻	예문
1	年级	niánjí	학년	你孩子上几年级? Nǐ háizi shàng jǐniánjí? 당신 아이는 몇 학년에 다니나요?
2	乖	guāi	(어린아이가) 착하다.	你孩子很乖。 Nǐ háizi hěn guāi. 당신 아이가 매우 착하네요.
3	辅导	fǔdǎo	보충 지도하다.	你辅导孩子的功课吧! Nǐ fǔdǎo háizi de gōngkè ba! 당신이 아이의 숙제를 지도해 주세요.
4	教练	jiàoliàn	(동)훈련하다. (명)감독,코치	找个教练教她。 Zhǎo ge jiàoliàn jiāo tā. 코치를 찾아서 그녀를 가르치다.
5	弹钢琴	tángāngqín	피아노를 치다.	你会不会弹钢琴? Nǐ huìbuhuì tán gāngqín? 당신은 피아노를 칠 줄 알아요?
6	拉小提琴	lāxiǎotíqín	바이올린을 연주하다.	拉小提琴拉得很好。 Lā xiǎotíqín lāde hěnhǎo. 바이올린을 매우 잘 연주합니다.
7	缺点	quēdiǎn	약점, 단점	他有什么缺点? Tā yǒu shénme quēdiǎn? 그는 어떤 단점이 있나요?
8	进步	jìnbù	늘다. 진보하다.	越来越进步了。 Yuèláiyuè jìnbù le. 갈수록 발전하고 있어요.

DAY 08 Mission

	한자	발음	뜻	예문
9	越来越~	yuèláiyuè	갈수록 ~ 하다.	越来越退步了。 Yuèláiyuè tuìbù le. 갈수록 퇴보하고 있어요.
10	千万	qiānwàn	부디~, 제발~, 절대로~	千万不要迟到。 Qiānwàn búyào chídào. 절대 지각하지 마세요..
11	失望	shīwàng	실망하다.	别让我失望。 Bié ràngwǒ shīwàng. 나를 실망시키지 마세요.
12	让~	ràng~	~하여금 -하게 하다.	她让我去买东西。 Tā ràng wǒ qù mǎi dōngxī. 그녀는 나한테 물건을 사오라 시켰다.
13	认真	rènzhēn	진지하다. 열심이다.	认真学习。 Rènzhēn xuéxí. 열심히 공부하다.
14	纠正	jiūzhèng	(잘못을)교정하다. 고치다.	你纠正一下他的动作。 Nǐ jiūzhèngyíxià tāde dòngzuò. 당신이 그의 동작을 고쳐주세요.
15	动作	dòngzuò	동작	他的动作怎么样? Tā de dòngzuò zěnmeyàng? 그의 동작은 어떻나요?
16	姿势	zīshì	자세	游泳的姿势不太好。 Yóuyǒng de zīshì bútàihǎo. 수영하는 자세가 그다지 좋지 않아요.
17	注意	zhùyì	주의하다. 조심하다.	你注意看看。 Nǐ zhùyì kànkan. 당신이 주의해서 봐주세요.
18	修改	xiūgǎi	고치다. 수정하다.	修改文章。 Xiūgǎi wénzhāng. 문장을 고치다.
19	文章	wénzhāng	문장	文章写得很好。 Wénzhāng xiěde hěnhǎo. 문장을 매우 잘 쓴다.
20	关照	guānzhào	돌보다 보살피다.	请多多关照。 Qǐng duōduō guānzhào. 잘 부탁합니다.

Step 2 패턴 그대로 따라하기

1. 找个N+V~   N를 찾아 V 하다.
Zhǎoge

연동문(연달아 동사가 나오는 문장) 형식. 동사의 순차에 따른 연동문

- ☐ 找个餐厅吃饭吧!　　　Zhǎoge cāntīng chīfànba!　　식당을 찾아 밥먹자.
- ☐ 找个老师辅导一下!　　Zhǎoge lǎoshī fǔdǎoyíxià!　　선생님을 찾아 보충지도를 받자.
- ☐ 你找个阿姨介绍给他。　Nǐ zhǎoge āyí jièshàogěitā.　　너는 아줌마를 찾아서 그에게 소개해줘.

练习题 너가 스스로 뭔가(물건)를 찾아 놀아라. _____

2. 学得怎么样?   공부 잘하니? 공부는 잘되고 있니?
xué de zěnmeyàng?

(부록1- 기본어법 unit 5 정도보어 참고)

- ☐ 他说得怎么样? 说得还可以。　Tā shuōde zěnmeyàng? Shuōde háikěyǐ.
  그는 말하는게 어때? 그런대로 잘 해요.
- ☐ 你过得怎么样? 过得很好。　　Nǐ guòde zěnmeyàng? Guòde hěnhǎo.
  너는 어떻게 지내니? 매우 잘 지내요.
- ☐ 他教得怎么样? 教得特别好。　Tā jiāode zěnmeyàng? Jiāode tèbiéhǎo.
  그는 어떻게 가르치니? 특히 잘 가르쳐요.

练习题 그는 일하는 게 어때? 깨끗하게 하니? _____

3. 一点儿也没~   조금도 ~ 하지 않다.
yìdiǎnryě méi~

一点儿也 는 부정을 더 강조하는 패턴. 一个也 : 한개도, 一次也 : 한번도 …

☐ 一点也没有。　　　　Yìdiǎnryě méiyǒu.　　　　조금도 없다.
☐ 一个也没买。　　　　Yígeyě méimǎi.　　　　한 개도 사지 않았다.
☐ 一次也没去过。　　　Yícìyě méiqùguo.　　　　한 번도 간 적 없다.

练习题 이전에 한 번도 본 적 없어요. _____

4. 越来越 ~　　갈수록 ~ 하다.
yuèláiyuè

越来越 ~ : 갈수록 ~하다. 越 ~ 越… 형태를 사용하여 ~ 할수록 … 하다. 라는 문장을 만들 수도 있다.

☐ 他越来越高了。　　　Tā yuèláiyuègāole.　　　　그는 갈수록 키가 크다.
☐ 这个菜越吃越好吃。　Zhègecài yuèchī yuèhǎochī.　이 요리는 먹을수록 맛있다.
☐ 汉语越学越有意思。　Hànyǔ yuèxué yuèyǒuyìsi.　중국어는 공부할수록 재미가 있다.

练习题 그가 나를 좋아할수록 나는 그가 싫어진다. _____

5. 千万别 ~　　절대 ~ 하지 마라.
Qiānwàn bié~

千万 은 금지문 앞에서 절대, 제발 이라는 뜻으로 금지문을 강조하는 부사이다.

☐ 千万不要迟到。　　　Qiānwàn búyào chídào.　　　제발 늦지 마세요.
☐ 千万别生气。　　　　Qiānwàn bié shēngqì.　　　　절대 화내지 마세요.
☐ 千万不要随便做。　　Qiānwàn búyào suíbiànzuò.　제발 맘대로 하지 마세요.

练习题 제발 나를 속이지 말아라. _____

참고 骗 [piàn] : 속이다.

Step 3 서바이벌 문장 330

🔊 MP3 001

145 你好！你的孩子上几年级？
Nǐhǎo! Nǐde háizi shàng jǐniánjí?

146 你(的)孩子在哪个班？
Nǐ(de) háizi zài nǎgebān?

147 我的孩子乖不乖？很乖。
Wǒdeháizi guāibuguāi? Hěnguāi.

148 我请一个辅导老师教他呢。
Wǒ qǐng yíge fǔdǎolǎoshī jiāotā ne.

149 找个教练教他。
Zhǎoge jiàoliàn jiāo tā.

해석

145. 안녕하세요. 당신의 아이는 몇 학년 입니까?
146. 당신 아이는 무슨 반 이예요?
147. 제 아이가 말을 잘 듣나요? 매우 얌전해요.
148. 저는 과외교사를 모셔 그를 가르치고 있어요.
149. 코치를 찾아 그를 가르쳐요.

DAY 08 Mission

150 他的水平怎么样？
Tāde shuǐpíng zěnmeyàng?

151 他还行。(真棒, 了不起, 很聪明)
Tā hái xíng. (zhēnbàng, liǎobùqǐ, hěncōngming)

152 他学得怎么样？(打, 游, 踢, 弹, 拉…)
Tā xuéde zěnmeyàng? (dǎ, yóu, tī, tán, lā…)

153 一点儿也没学过。(一次也)
Yìdiǎnryě méixuéguo. (yícìyě)

154 以前学过一点儿。
Yǐqián xuéguo yìdiǎnr.

해석

150. 그의 수준은 어때요?
151. 그런대로 괜찮아요. (매우 훌륭해요, 잘해요, 매우 총명해요)
152. 그는 공부 하는게 어때요?
     ((공)치는게, (수영)하는게, (축구)하는게, (피아노)치는게, (바이올린) 연주하는게)
153. 조금도 배워 본 적 없어요. (한 번도)
154. 이전에 조금 배운 적 있어요.

step 3 서바이벌 문장 **330**

🔊 MP3 002

155 他有什么缺点？
Tā yǒu shénme quēdiǎn?

156 他的汉语越来越进步了。
Tāde Hànyǔ yuèláiyuèjìnbùle.

157 千万别失望了。
Qiānwàn bié shīwàng le.

158 我让他认真学习。
Wǒ ràng tā rènzhēn xuéxí.

159 你纠正一下他的发音吧。（姿势，动作）
Nǐ jiūzhèngyíxià tāde fāyīnba. (zīshì, dòngzuò)

해석

155. 그는 약점이 무엇인가요?
156. 그의 중국어는 나날이 발전하고 있어요.
157. 절대로 실망하지 말아요.
158. 나는 그에게 열심히 공부하라 합니다.
159. 당신이 그의 발음(자세, 동작)을 좀 교정해 주세요.

160 你注意看看他的姿势。（动作）
Nǐ zhùyì kànkan tādezīshì. (dòngzuò)

161 请你修改一下文章。
Qǐng nǐ xiūgǎiyíxià wénzhāng.

162 请你多多关照。
Qǐngnǐ duōduō guānzhào.

163 他在课堂上的表现不错。
Tā zài kètángshàng de biǎoxiàn búcuò.

164 请你好好儿辅导他的听力、口语和写作。
Qǐngnǐ hǎohāor fǔdǎo tāde tīnglì, kǒuyǔ hé xiězuò.

해석

160. 당신은 그의 자세(동작)를 주의깊게 봐주세요.
161. 당신이 문장을 고쳐주세요.
162. 잘 부탁드립니다.
163. 그는 수업시간에 드러나는 실력이 괜찮습니다.
164. 그의 듣기, 말하기, 쓰기를 잘 좀 보충지도해 주세요.

Step 4 미션 체크 연습문제

1. 다음 단어의 한어병음을 넣어 보세요. 중요 단어 쓰기

    1) (아이가) 착하다. _____

    2) 보충 지도하다. _____

    3) 피아노를 치다. _____

    4) (문장을) 고치다. _____

    5) 진지하다. 열심이다. _____

2. 다음 빈 칸을 채우세요. 중요 패턴 확인

    1) ~하는게 (정도가) ~하다 . _____

        ① 공부 잘하니? _____

        ② 피아노 잘치니? _____

    2) 갈수록 ~하다 _____

        ① 갈수록 추워진다. _____

        ② 향채 먹는게 갈수록 습관이 된다. (습관이 되다 习惯 xíguàn)

        _____

3. 아래 단어를 참고하여 다음 단어 괄호 안에 병음을 넣으세요. 중요 단어 풀이

辅 (　　　)　　练 (　　　)　　越 (　　　)　　照 (　　　)　　章 (　　　)
돕다, 보조하다　연습하다　　　넘다, 뛰어넘다　비추다, 돌보다　장, 단락
辅导 보충지도하다　练习 연습하다　越来越~ 갈수록 ~ 하다　关照 돌보다　文章 문장

4. 아래 빈 칸을 채우세요. 중요 문장 쓰기

1) 당신이 주의해서 보세요.

　　你　　　　　　　　看看。

2) 선생님을 찾아 보충시키다.

　　　　　　　　　个老师辅导。

3) 절대로 실망하지 마세요.

　　　　　　　　　别失望了。

4) 잘 부탁드립니다.

　　请你多多　　　　　　　　。

5) 조금도 배워본 적 없습니다.

　　　　　　　　　也没学过。

6) 그의 중국어는 나날이 발전하고 있습니다.

　　他的汉语　　　　　　进步了。

서바이벌 실전 회화

第八课 开家长会见汉语老师

학부모상담에서 중국선생님을 만나다.

🔊 MP3 003

- 家长会 jiāzhǎnghuì 학부형회
- 积极 jījí 적극적이다.
- 练习 liànxí 연습하다.
- 口语 kǒuyǔ 회화
- 念书 niànshū 책을 읽다.
- 进步 jìnbù 발전하다.

A 你好! 我是东东的妈妈。
Nǐ hǎo! Wǒ shì Dōngdōng de māma.

最近他在学校表现怎么样?
Zuìjìn tā zài xuéxiào biǎoxiàn zěnmeyàng?

B 他很好。他的表现不错。上课的时候, 他很积极。
Tā hěn hǎo. Tā de biǎoxiàn búcuò. Shàngkè de shíhou, tā hěnjījí.

A 他的汉语水平怎么样?
Tāde Hànyǔ shuǐpíng zěnmeyàng?

B 还行。他的听力不错, 好像都能听得懂, 汉字写得也不错。
Hái xíng. Tā de tīnglì búcuò, hǎoxiàng dōu néng tīngdedǒng, Hànzì xiěde yě búcuò.

只是说得有点儿差。
Zhǐshì shuōde yǒudiǎnrchà.

A 那我该怎么帮他好呢?
Nà wǒ gāi zěnme bāngtā hǎo ne?

B 让他多多念书, 还找个辅导老师练习口语。
Ràngtā duōduōniànshū, hái zhǎo ge fǔdǎolǎoshī liànxíkǒuyǔ.

A 好的。谢谢老师。
Hǎode. Xièxie lǎoshī.

B 他是很聪明的, 很快就会进步的。
Tā shì hěn cōngmíngde, hěnkuài jiùhuì jìnbùde.

해석

A: 안녕하세요! 저는 동동의 엄마예요.
요즘 학교에서 보여지는 실력은 어때요?
B: 그는 매우 좋아요. 보여지는 실력들이 매우 좋아요. 수업할 때, 매우 적극적이구요.
A: 그의 중국어 수준은 어떤가요?
B: 듣기는 괜찮아요. 대부분 알아듣는 것 같아요. 한자 쓰는 것도 괜찮구요.
단지 말하는건 아직 좀 떨어지는 정도예요.
A: 그럼 제가 어떻게 도와야 할까요?
B: 그에게 책을 많이 읽게 하고,
보충선생님을 찾아서 말하기 연습을 시키세요.
A: 알겠어요. 감사합니다. 선생님
B: 그는 매우 똑똑한 아이라서, 금방 늘 거예요

Word by Word — Day 08

- 아이를 소개할 때
- 중국어 수업에서 많이 등장하는 단어
- 다양한 방과 후 수업

◆ 아이를 소개할 때 ◆

年级	niánjí	학년
岁	suì	~ 세
哪年生的?	nǎniánshēngde	몇 년도에 태어났는가?
生日	shēngrì	생일
属什么?	shǔshénme	띠가 무엇인가?
个子多高?	gèzi duōgāo	키가 어떻게 되는가?
个子很高	gèzi hěngāo	키가 매우 크다.
体重多重?	tǐzhòng duōzhòng	체중이 얼마 되는가?
胖	pàng	뚱뚱하다.
瘦	shòu	마르다.
不胖不瘦	búpàngbúshòu	뚱뚱하지도 마르지도 않다.
像谁?	xiàngshuí	누구를 닮았는가?
交朋友	jiāopéngyou	친구를 사귀다.
厉害	lìhai	대단하다.
棒	bàng	매우 좋다.
了不起	liǎobùqǐ	놀랄만 (대단) 하다.
聪明	cōngming	똑똑하다.
性格	xìnggé	성격
态度	tàidù	태도
表现	biǎoxiàn	태도, 품행
长处	chángchù	장점
短处	duǎnchù	단점
弱点	ruòdiǎn	약점
强点	qiángdiǎn	강점
吃得很好	chīde hěnhǎo	잘먹는다.
玩儿得好	wánrde hǎo	잘논다.
睡得好	shuìde hǎo	잘잔다.
礼貌	lǐmào	예의바르다.
认真	rènzhēn	열심히 하다.
淘气	táoqì	장난이 심하다.
乖	guāi	(아이가) 얌전하고 착하다.
听话	tīnghuà	말을 듣다.
害羞	hàixiū	수줍어하다.
有自信	yǒuzìxìn	자신감있다.
不怕	búpà	두려워 않는다.
勇敢	yǒnggǎn	용감하다.
活泼	huópo	활발하다.
开朗	kāilǎng	명랑하다.
爱说爱笑	àishuō'àixiào	말하기 좋아하고 웃기 좋아하다.
积极	jījí	적극적이다.
消极	xiāojí	소극적이다.
稳重	wěnzhòng	사려깊다. 신중하다.
带孩子	dàiháizi	아이를 돌본다.
教孩子	jiāoháizi	아이를 가르치다.
表扬	biǎoyáng	칭찬하다.
打	dǎ	때리다.
骂	mà	욕하다.
说孩子	shuōháizi	아이에 잔소리 하다
发脾气	fāpíqi	성질부리다.
学得好	xuéde hǎo	공부잘한다.

◆ 중국어 수업에서 쓰는 단어 ◆

家教	jiājiào	과외하다.
课外活动	kèwàihuódòng	방과후 수업
业余时间	yèyúshíjiān	여가시간
爱好	àihào	취미
画画	huàhuà	그림을 그리다.
下棋	xiàqí	체스 장기를 두다
玩儿游戏	wánryóuxì	게임을 하다.
玩儿玩具	wánrwánjù	장난감을 놀다.
看书	kànshū	책을 본다.
学习	xuéxí	공부하다.
复习	fùxí	복습하다.
预习	yùxí	예습하다.
练习	liànxí	연습하다.
修改文章	xiūgǎiwénzhāng	(문장,글자) 고치다.
调整时间	tiáozhěngshíjiān	시간을 조정하다.
错字	cuòzì	틀린 글자
病句	bìngjù	잘못된 문장
姿势	zīshì	자세
动作	dòngzuò	동작

发音	fāyīn	발음
声调	shēngdiào	성조
读	dú	읽다.
念	niàn	(소리내서) 읽다.
听	tīng	듣다.
说	shuō	말하다.
背	bèi	외우다.
进步	jìnbù	진보하다.
退步	tuìbù	퇴보하다.
渐渐	jiànjiàn	점점
越来越~	yuèláiyuè	갈수록 ~ 하다.
~ 多了	~ duōle	많이 ~ 해졌다.
数学	shùxué	수학
科学	kēxué	과학
社会	shèhuì	사회
体育	tǐyù	체육
音乐	yīnyuè	음악
英语	yīngyǔ	영어
中文	zhōngwén	중국어

◆ 다양한 방과 후 수업 ◆

踢足球	tī zúqiú	축구하다.
打篮球	dǎ lánqiú	농구하다.
打乒乓球	dǎ pīngpāngqiú	탁구하다.
打棒球	dǎ bàngqiú	야구하다.
打网球	dǎ wǎngqiú	테니스 하다.
游泳	yóuyǒng	수영하다.
音乐	yīnyuè	음악
拉大提琴	lā dàtíqín	첼로를 켜다
弹吉他	tán jítā	기타를 치다
吹长笛	chuī chángdí	플루트를 불다

打高尔夫球	dǎ gāo'ěrfúqiú	골프를 치다.
打羽毛球	dǎ yǔmáoqiú	배드민턴을 치다
打橄榄球	dǎ gǎnlǎnqiú	럭비를 하다
美术课	měishùkè	미술수업
数学课	shùxuékè	수학수업
科学课	kēxuékè	과학수업
英语课	yīngyǔkè	영어수업
拉小提琴	lā xiǎotíqín	바이올린을 켜다
弹钢琴	tán gāngqín	피아노를 치다
吹黑管	chuī hēiguǎn	클라리넷을 불다.

09

第九课 点菜及做菜
음식 주문 및 요리 하기

Survival Mission

Day 09 서바이벌 중국어 주요 미션

이미 1과에서 식당에서 쓰는 문장을 봤습니다. 이 과의 미션은 식당에서 쓰는 말 뿐 아니라, 요리할 때, 요리를 시킬 때 쓰는 20문장을 통으로 외우는 것입니다.

주요 미션 수행 - 총 1시간

Step 1. 새로 나온 단어 훑어보기 (10분)
▼
Step 2. 패턴 따라하기 (10분)
▼
Step 3. MP3 들으며 20문장 통으로 외우기 (30분)
▼
Step 4. 연습문제로 확인 (10분)

미션 보충 공부

서바이벌 실전회화 ABC : 실제 상황 속 회화 읽어보기

Word by Word : 요리법, 식재료, 주방용품에 관한 단어 살펴보기

09 第九课 点菜及做菜 음식 주문 및 요리하기

Step 1 새로 나온 단어 맛보기

	한자	발음	뜻	예문
1	餐巾纸	cānjīnzhǐ	냅킨	卫生纸,湿巾,毛巾 wèishēngzhǐ, shījīn, máojīn 화장지, 물티슈, 수건
2	撤	chè	없애다. 치우다.	全部撤走吧! Quánbù chèzǒu ba! 모두 가져가세요!
3	剩	shèng	남다. 남기다.	有没有剩的? Yǒuméiyǒu shèngde? 남은 거 있어요 없어요?
4	烤老	kǎolǎo	바싹 굽다.	烤老一点儿吧! Kǎo lǎoyìdiǎnr ba! 바싹 익혀주세요!
5	切	qiē	썰다.	切片儿,切碎,切丝 qiēpiànr, qiēsuì. qiēsī 편으로 썰다. 다져 썰다. 채썰다.
6	V成~	V chéng~	~로 되다.	分成两个。 Fēnchéng liǎngge. 두 개로 나눈다.
7	蒜头	suàntóu	마늘	蒜头要剥皮。 Suàntóu yào bāo(bō)pí. 마늘은 껍질을 벗겨주세요.
8	末儿	mòr	잘게 부순 것	芥末儿 jièmòr 와사비
9	弄	nòng	하다. 행하다. 만들다.	弄成末儿。 Nòngchéng mòr. 잘게 빻아주세요.
10	胡萝卜	húluóbo	당근	我忘了买胡萝卜。 Wǒ wàngle mǎi húluóbo. 나는 당근 사는 걸 깜박했다.

	한자	발음	뜻	예문
11	切丝	qiēsī	채썰다.	阿姨,土豆切丝吧! Āyí, tǔdòu qiēsī ba! 아줌마, 감자는 채를 썰어 주세요!
12	切碎	qiēsuì	다지다.	那里的蔬菜都切碎! Nàlǐ de shūcài dōu qiēsuì! 거기에 야채를 모두 다지세요!
13	蔬菜	shūcài	야채	多吃蔬菜对身体好。 Duōchī shūcài duìshēntǐ hǎo. 야채를 많이 먹는게 몸에 좋아요.
14	炒	chǎo	볶다.	先炒一下蒜头! Xiān chǎoyíxià suàntóu! 먼저 마늘을 볶아라!
16	挤	jǐ	짜다.	拥挤 yōngjǐ 붐비다. 혼잡하다.
17	煎	jiān	(기름에) 지지다. 부치다.	煎鸡蛋! Jiān jīdàn! 달걀을 부쳐라!
18	薄	báo	얇다.	切薄一点。 Qiē báoyìdiǎn. 좀 더 얇게 썰다.
19	辣椒酱	làjiāojiàng	고추장	豆酱 dòujiàng / 番茄酱 fānqiéjiàng 된장 / 케첩
20	炖/蒸	dùn/zhēng	(고기등을) 푹 삶다 / 찌다	蒸饺 zhēngjiǎo 찐만두
21	捞出来	lāochūlai	건져내다.	把小鱼捞出来! Bǎ xiǎoyú lāochūlai! 멸치를 건져내라!
22	烂	làn	흐물 흐물하다.	烂的都摘掉吧! Lànde dōu zhāidiào ba! 무른 것은 모두 떼어버려라!
23	摘掉	zhāidiào	뜯다. 떼다.	摘下眼镜! Zhāixià yǎnjìng! 안경을 벗어라!
24	冷冻	lěngdòng	냉동	肉放冷冻吧! Ròu fàng lěngdòng ba! 고기는 냉동실에 넣어라!

Step 2 패턴 그대로 따라하기

1. 还没 ~ 呢   아직 ~ 하지 않았다.
háiméi ~ ne

还没는 어기조사 呢와 주로 호응해서 쓴다.

☐ 还没上齐呢。   Háiméishàngqíne.   아직 다 올라오지 않았다.
☐ 还没做完呢。   Háiméizuòwánne.   아직 다하지 않았다.
☐ 还没告诉他呢。   Háiméigàosutāne.   아직 그에게 알리지 않았다.

练习题 그는 아직 신청하지 않았다. _____

참고 申请 [shēnqǐng] : 신청하다.

2. 把 ~ 切成 ...   ~ 를 …로 자르다.
bǎ ~ qiēchéng ...

(부록1- 기본어법 unit 13 "把"字句 참고) V에 "成"을 붙이면 ~ 으로 V되다. 라는 뜻이고 成 뒤에는 바뀌는 대상이 온다.

☐ 把这个切成两块儿。   Bǎzhège qiēchéng liǎngkuàir.   이것을 두 조각으로 자르세요.
☐ 你把它分成六碗。   Nǐ bǎtā fēnchéng liùwǎn.   당신은 그것을 6그릇으로 나누세요.
☐ 把人民币换成韩币   Bǎrénmínbì huànchéng hánbì.   인민폐를 한국돈으로 바꿉니다.

练习题 당신은 어떻게 그것을 이런 모양으로 만들어 놨습니까?
_____

참고 这个样子 [zhègeyàngzi] : 이런 모양

3. 冷冻起来   ~ 얼려 두다.
lěngdòngqǐlái

(부록1- 기본어법 unit 10 방향보어 참고) V 起来 가 붙어 여러가지 뜻이 있다. 어법편을 참고해서 보고, 여기서는 흩어져 있는 것을 "치우다"의 의미로 볼 수 있겠다.

☐ 把它收起来吧。   Bǎtā shōuqǐláiba.   그것을 치우세요.
☐ 把它冷冻起来。   Bǎtā lěngdòngqǐlái.   그것을 냉동시키세요.
☐ 把这些衣服挂起来吧。   Bǎzhèxiēyīfu guàqǐláiba.   이 옷들을 걸어두세요.

练习题 통이 다 마른 다음에 넣어두세요. ─────────────────

4. V了 ~ 就…   ~ 마치고 바로 … 하다.
V le ~ jiù…

여기서 了는 완료를 나타내는 동태조사로서 "그 행위를 마치고"라는 뜻을 가지며 1과 패턴 연습에서 나왔던 就 는 "~하면 바로" 라고 해석하면 된다.

☐ 下了课就走了。   Xiàlekè jiù zǒule.   수업이 끝나자마자 갔다.
☐ 吃了饭就得去上课。   Chīlefàn jiù děiqù shàngkè.   밥을 먹고 수업하러 가야한다.
☐ 做好了作业就可以休息。 Zuòhǎolezuòyè jiù kěyǐxiūxi. 숙제를 다하고 휴식할 수 있다.

练习题 나는 집에 돌아왔다 하면 바로 저녁 준비를 한다. ─────────────────

Step 3 서바이벌 문장 330

🔊 MP3 001

165 给我餐巾纸。
Gěiwǒ cānjīnzhǐ.

166 服务员，这个撤走吧！
Fúwùyuán, zhège chèzǒuba!

167 我们点的菜还没上齐呢！
Wǒmen diǎnde cài háiméi shàngqí ne!

168 服务员，剩的都打包一下。
Fúwùyuán, shèngde dōu dǎbāoyíxià.

169 再烤老一点儿。
Zàikǎolǎoyìdiǎnr.

해석

165. 냅킨 좀 주세요.
166. 저기요, 이거 치워 주세요.
167. 우리가 시킨 음식이 아직 다 나오지 않았어요.
168. 저기요, 남은 것을 모두 싸 주세요.
169. 더 완전히 바싹 익혀 구워 주세요.

DAY 09 Mission

170 再加点儿汤。
Zài jiādiǎnr tāng.

171 有没有优惠券？（停车券）
Yǒuméiyǒu yōuhuìquàn? (tíngchēquàn)

172 可不可以把它切成两块儿？
Kěbùkěyǐ bǎtā qiēchéng liǎngkuàir?

173 把蒜头弄成末儿。
Bǎsuàntóu nòngchéng mòr.

174 胡萝卜切丝。
Húluóbo qiēsī.

해석

170. 국물을 더 부어 주세요.
171. 쿠폰 있어요 없어요? (주차권)
172. 이것을 두 조각으로 잘라줄 수 있나요?
173. 마늘을 다져 주세요.
174. 당근은 채 썰어 주세요.

step 3 서바이벌 문장 **330**

🔊 MP3 002

175 蔬菜都切碎。
Shūcài dōu qiē suì.

176 先炒一下蒜片儿。
Xiān chǎoyíxià suànpiànr.

177 挤一下水。
Jǐyíxià shuǐ.

178 鸡蛋煎薄一点。
Jīdàn jiān báoyìdiǎn.

179 放一下辣椒酱。
Fàngyíxià làjiāojiàng.

해석

175. 야채는 모두 다져 주세요.
176. 먼저 마늘 편을 볶아 주세요
177. 물기를 짜주세요.
178. 계란은 얇게 부치세요.
179. 고추장을 넣으세요.

180 煮一段时间。(炖，炒，蒸)
Zhǔ yíduànshíjiān. (dùn, chǎo, zhēng)

181 放了就捞出来。
Fàngle jiù lāochūlái.

182 摘掉 / 剥开 / 削皮
Zhāidiào / bōkāi / xiāopí

183 把它冷冻起来。
Bǎtā lěngdòngqǐlái .

184 烂的都扔掉吧。
Lànde dōu rēngdiàoba.

해석

180. 일정 시간 끓여 주세요. (푹 삶다, 볶다, 찌다)
181. 넣자마자 바로 건져내세요.
182. 떼어내다 / 까다 / 껍질을 깎다
183. 그것을 냉동시키세요.
184. 무른 것은 모두 버리세요.

Step 4 미션 체크 연습문제

1. 다음 단어의 한어병음을 넣어 보세요. 중요 단어 쓰기

1) 냅킨
2) 없애다. 치우다.
3) 썰다.
4) (물기를)짜다.
5) 냉동

2. 다음 빈 칸을 채우세요. 중요 패턴 확인

1) ~을 ~ 어떻게 썰어라.
   ① 이것을 채로 썰어라.
   ② 이것을 두 봉지로 나눠라.

2) 도착하면 바로~
   ① 수업 끝나고 바로 집에 가다.
   ② 숙제 끝나고 바로 휴식 할 수 있다.

3. 아래 단어를 참고하여 다음 단어 괄호 안에 병음을 넣으세요. 중요 단어 풀이

剩 (_____)   优 (_____)   萝 (_____)   蔬 (_____)   扔 (_____)
남다   우수하다   덩굴식물   야채   버리다, 던지다
剩饭 밥을 남기다   优惠 혜택   萝卜 무우   蔬菜 야채   扔掉 버려버리다

4. 아래 빈 칸을 채우세요. 중요 문장 쓰기

1) 그것을 냉동시켜 두어라.

   把它冷冻_____。

2) 그것을 두 조각으로 잘라주세요.

   把它_____两块儿!

3) 우리가 시킨 요리 아직 다 나오지 않았어요.

   我们点的菜_____上齐_____。

4) 넣자마자 바로 건져내라.

   放_____, _____ 捞出来。

5) 다져 놔라.

   弄_____末儿。

6) 남은 거 모두 싸주세요.

   _____都打包一下。

서바이벌 실전 회화

第九课 教阿姨做菜
아줌마에게 음식 가르치기

🔊 MP3 003

- 老家 lǎojiā 고향
- 所以 suǒyǐ 그래서
- 有的~ 有的~ yǒude ~ yǒude ~ 어떤 것은~ 어떤 것은 ~
- 辣炒年糕 làchǎoniángāo 떡볶이
- 材料 cáiliào 재료
- 小鱼汤 xiǎoyútāng 멸치국물
- 年糕 niángāo 떡
- 鱼饼 yúbǐng 오뎅
- 搅拌 jiǎobàn 휘젓다. 반죽하다.

我家阿姨的老家是四川。四川人喜欢辣。
Wǒ jiā āyíde lǎojiā shì Sìchuān. Sìchuānrén xǐhuān là.

韩国人也喜欢辣。
Hánguórén yě xǐhuān là

但是韩国菜的辣味和做法, 跟四川的不一样。
Dànshì Hánguócài de làwèi hé zuòfǎ, gēn Sìchuānde bùyíyàng.

所以她在我家有的菜能吃, 有的菜不能吃, 有的会做, 有的不会做。
Suǒyǐ tā zài wǒjiā yǒudecài néngchī, yǒudecài bùnéngchī, yǒude huìzuò, yǒude búhuìzuò.

今天我要教她做 "辣炒年糕"。
Jīntiān wǒ yào jiāo tā zuò "làchǎoniángāo".

我先准备材料;年糕、辣椒酱、酱油、糖、大葱、洋葱、鱼饼。
Wǒ xiān zhǔnbèi cáiliào; niángāo, làjiāojiàng, jiàngyóu, táng, dàcōng, yángcōng, yúbǐng.

我先让阿姨做一下小鱼汤。
Wǒ xiān ràng āyí zuòyíxià xiǎoyútāng.

在汤里放进准备的调料(辣椒酱、酱油、糖)
Zài tānglǐ fàngjìn zhǔnbèide tiáoliào (làjiāojiàng, jiàngyóu, táng)

煮一段时间以后、放进切好的年糕、鱼饼、大葱、洋葱。
Zhǔ yíduànshíjiān yǐhòu, fàngjìn qiēhǎode niángāo, yúbǐng, dàcōng, yángcōng.

搅拌一下！辣炒年糕就做好了。
Jiǎobànyíxià! Làchǎoniángāo jiù zuòhǎole.

해석

우리 아줌마의 고향은 사천이다. 사천사람들은 매운 것을 매우 좋아한다.
한국사람도 매운 것을 좋아한다.
그러나 한국음식의 매운 맛과 만드는 법이 사천음식과는 다르다.
그래서 그녀는 우리 집에서 어떤 요리는 먹을 수 있고 어떤 요리는 먹지 못한다.
어떤 요리는 만들 줄 알고 어떤 요리는 만들지 못한다.
오늘 나는 그녀에게 "떡볶이"를 가르치려고 한다.
나는 먼저 재료를 준비했다. 떡, 고추장, 간장, 설탕, 대파, 양파, 오뎅.
나는 먼저 아줌마에게 멸치국물을 만들게 하였다.
국물에 준비한 양념을 넣는다. (고추장, 간장, 설탕)
어느 정도 끓인 후에,
썰어 놓은 오뎅, 떡, 양파, 파를 집어 넣는다.
휘저어 섞는다. 떡볶이가 다 되었다.

Word by Word Day 09

- 식당에서 주문할 때 알아 두어야 할 기본 단어
- 야채, 고기, 해산물 종류
- 주방용품과 관련한 단어
- 요리법과 관련한 단어

◆ 식당에서 주문할 때 알아 두어야 할 기본 단어 ◆

点菜	diǎncài	음식을 주문하다.	上齐了	shàngqíle	모두 나오다.
菜单	càidān	메뉴판	催	cuī	재촉하다.
撤走	chèzǒu	치우다.	取消	qǔxiāo	취소하다.
拿来	nálai	가지고 오다.	打包	dǎbāo	포장하다.
上菜	shàngcài	음식을 올리다.	买单	mǎidān	계산하다.
放	fàng	두다. 넣다.	开发票	kāifāpiào	영수증을 끊다.

◆ 야채, 고기, 해산물 종류 ◆

蔬菜	shūcài	야채	大蒜	dàsuàn	마늘
胡萝卜	húluóbo	당근	辣椒	làjiāo	고추
洋葱	yángcōng	양파	大白菜	dàbáicài	배추
大葱(小~)	dàcōng(xiǎo~)	대파 (쪽파)	卷心菜	juǎnxīncài	양배추
西葫芦	xīhúlu	애호박	南瓜	nánguā	늙은호박
西红柿	xīhóngshì	토마토	黄瓜	huángguā	오이
香菇	xiānggū	표고버섯	生菜	shēngcài	상추
西兰花	xīlánhuā	브로콜리	黄豆芽	huángdòuyá	콩나물
韭菜	jiǔcài	부추	菠菜	bōcài	시금치
牛肉	niúròu	쇠고기	猪肉	zhūròu	돼지고기
鸡肉	jīròu	닭고기	肉馅儿	ròuxiànr	(만두등의) 고기소
排骨	páigǔ	갈비	牛尾	niúwěi	소꼬리
海鲜	hǎixiān	해산물	螃蟹	pángxiè	꽃게
虾	xiā	새우	蛤子	gézi	조개
鱿鱼	yóuyú	오징어	章鱼	zhāngyú	낙지
金枪鱼	jīnqiāngyú	참치	鲍鱼	bàoyú	전복
三文鱼	sānwényú	연어	蚝	háo	굴

◆ 주방용품과 관련한 단어 ◆

餐具	cānjù	식기
锅	guō	냄비
煎锅	jiānguō	후라이팬
饭锅	fànguō	밥솥
勺子	sháozi	숟가락
叉子	chāzi	포크
筷子	kuàizi	젓가락

剪刀	jiǎndāo	가위
刀	dāo	칼
水果刀	shuǐguǒdāo	과도
切菜板	qiēcàibǎn	도마
碗	wǎn	그릇
盘子	pánzi	접시, 쟁반
碟子	diézi	작은 접시

◆ 요리법과 관련한 단어 ◆

炒	chǎo	볶다.
烤	kǎo	굽다.
蒸	zhēng	찌다.
煮	zhǔ	푹 끓이다.
炸	zhá	튀기다.
煎	jiān	부치다.
烫	tàng	뜨겁게 데우다.
焯	chāo	데치다.
炖	dùn	오래 삶다.
泡	pào	담가두다.
捞	lāo	건져내다.

切碎	qiēsuì	다지다.
切丝	qiēsī	채썰다.
搅	jiǎo	휘저어 섞다.
拌	bàn	무치다.
剥皮	bāo (=bō) pí	껍질을 벗기다.
去皮	qùpí	껍질을 제거하다.
削皮	xiāopí	(칼로)껍질을 깎다.
加一点儿	jiāyìdiǎnr	약간 가미하다.
盛饭(汤)	chéngfàn(tāng)	밥(탕)을 푸다.
放在一起	fàngzàiyìqǐ	함께 넣다.
和面	huómiàn	반죽하다.

第十课 房间维修
집수리 및 보수하기

Survival Mission

Day 10 서바이벌 중국어 주요 미션

제10과는 제목이 집수리입니다. 어학교재에서 생소하게 느끼실 제목이 겠지만 실제로 중국에 살게 되면 숙소에 많은 문제가 발생하는 것을 경험하게 됩니다. 물이 새거나 전기가 나가든가 변기가 막히기도 하구요. 이런 문제들을 해결할 수 있도록 서바이벌 20문장 외워봅시다.

주요 미션 수행 - 총 1시간

Step 1. 새로 나온 단어 훑어보기 (10분)
▼
Step 2. 패턴 따라하기 (10분)
▼
Step 3. MP3 들으며 20문장 통으로 외우기 (30분)
▼
Step 4. 연습문제로 확인 (10분)

미션 보충 공부

서바이벌 실전회화 ABC : 실제 상황 속 회화 읽어보기

Word by Word : 집에 문제가 생겼을 때 필요한 단어들 찾아보기

10 第十课 房间维修 집수리 및 보수하기

Step 1 새로 나온 단어 맛보기

	한자	발음	뜻	예문
1	突然	tūrán	갑자기	他突然来我家了。 Tā tūrán lái wǒjiā le. 그는 갑자기 우리집에 왔다.
2	停电	tíngdiàn	정전되다.	我家停电了。 Wǒjiā tíngdiàn le. 우리집 정전되었어요.
3	闻到	wéndào	(냄새를)맡게 되다.	我闻到垃圾味儿了。 Wǒ wéndào lājīwèr le. 저는 쓰레기 냄새를 맡게 되었어요.
4	煤气	méiqì	가스	上海煤气费太贵了。 Shànghǎi méiqìfèi tàiguìle. 상해는 가스비가 너무 비싸요.
5	味儿	wèir	냄새, 맛	这是什么味儿? Zhè shì shénmewèr? 이것은 무슨 냄새(맛)이죠?
6	漏气(水)	lòuqì(shuǐ)	가스(물)가 새다.	是不是漏气了? Shìbushì lòuqì le? 가스가 새는 게 아닌가요?
7	地暖	dìnuǎn	온돌	我家没有地暖。 Wǒjiā méiyǒu dìnuǎn. 우리집은 온돌이 아닙니다.
8	暖和	nuǎnhuo	따뜻하다.	春天很暖和。 Chūntiān hěn nuǎnhuo. 봄은 매우 따뜻합니다.
9	凉快	liángkuai	시원하다.	秋天很凉快。 Qiūtiān hěn liángkuai. 가을은 매우 선선합니다.
10	排水	páishuǐ	배수하다.	水排不出去。 Shuǐ páibuchūqù. 물이 배수가 되지 않아요.

	한자	발음	뜻	예문
11	马桶	mǎtǒng	변기	马桶堵住了。 Mǎtǒng dǔzhùle. 변기가 꽉 막혔어요.
12	堵住	dǔzhù	꽉 막히다.	管道堵住了。 Guǎndào dǔzhù le. 하수관이 꽉 막혔어요.
13	湿	shī	젖다.	这里怎么湿了? Zhèli zěnme shī le? 여기가 왜 젖었지?
14	纱窗	shāchuāng	방충망	纱窗坏了。 Shāchuāng huài le. 방충망이 망가졌어요.
15	破	pò	파손되다. 찢어지다.	纱窗破了。 Shāchuāng pòle. 방충망이 찢어졌어요.
16	被	bèi	~당하다. ~하게되다.	我的钱包被偷了。 Wǒde qiánbāo bèi tōu le. 제 지갑을 도둑 맞았어요.
17	锁	suǒ	잠그다.	门锁好了吗? Mén suǒhǎole ma? 문을 잘 잠갔나요?
18	松	sōng	헐겁다.	窗户松了。 Chuānghu sōng le. 창문이 헐거워 졌어요.
19	修	xiū	수리하다	能不能修? Néngbunéng xiū? 고칠 수 있어요?
20	安装	ānzhuāng	설치하다.	安装费20块。 Ānzhuāngfèi èrshíkuài. 설치비 20원입니다.
21	上网	shàngwǎng	인터넷 접속하다.	上不了网。 Shàngbuliǎo wǎng. 인터넷에 접속할 수 없다.
22	派	pài	파견하다. 보내다.	公司派我们到上海了。 Gōngsī pài wǒmen dào Shànghǎile. 회사에서 우리를 상해로 파견했어요.
23	钥匙	yàoshi	열쇠	我没带钥匙。 Wǒ méidài yàoshi. 저는 열쇠를 가지고 오지 않았어요.
24	发霉	fāméi	곰팡이 피다	不通风容易发霉。 Bùtōngfēng róngyì fāméi. 통풍이 안되면 곰팡이가 피기 쉽다.

Step 2 패턴 그대로 따라하기

1. 是不是~ ? 혹시 ~ 인 것 아니에요?
Shìbushì~ ?

~ 에 대한 의심 추측을 나타낼 때 많이 사용하는 패턴이다.

- 你是不是韩国人? 　Nǐ shìbushì Hánguórén?　　당신 한국사람 아닌가요?
- 这是不是用过的? 　Zhè shìbushì yòngguode?　　이것은 사용했던 것 아닌가요?
- 你是不是不知道我说的?　Nǐ shìbushì bùzhīdao wǒshuōde?　당신은 제가 말한 걸 모르는 것 아닌가요?

练习题 너 혹시 잘못 적은거 아니니? _____

참고 记 : [jì] 적다, 기록하다, 记错了 : 잘못 적다.

2. 排不出去 / 开不开 / 上不了 배수가 안된다 / 열 수 없다 / 오를 수 없다.
páibuchūqù / kāibukāi / shàngbuliǎo

排得出去 배수된다, 排不出去 배수 안된다. / 开得开 열(켤) 수 있다. 开不开 열(켤) 수 없다 / 上得了 오를 수 있다, 上不了 오를 수 없다. (부록1- 기본어법 unit 12 가능보어 참고)

- 水排不出去了。　　Shuǐ páibuchūqùle.　　물이 배수가 되지 않아요.
- 一直上不了网。　　Yìzhí shàngbuliǎo wǎng.　　줄곧 인터넷에 접속할 수 없어요.
- 门怎么开不开?　　Mén zěnme kāibukāi?　　문이 왜 열리지 않죠?

练习题 난 창문을 열 수 가 없다. _____

참고 窗户 [chuānghu] : 창문

3. 堵住了 꽉 막혔다.
dǔzhùle

"住"는 원래 거주하다. 머무르다. 라는 뜻이지만 동사 뒤에 결과보어로 쓰일 때는 "딱 고정하여 정착하다, 꽉 붙들다." 라는 뜻을 보충한다. (부록1- 기본어법 unit 9 결과보어 참고)

DAY 10 Mission

□ 这些汉字，我都记住了。　　Zhèxiē Hànzi, wǒ dōu jìzhùle.　　이 한자들, 저는 모조리 기억해 놨어요.
□ 你停住!　　　　　　　　　Nǐ tíngzhù!　　　　　　　　당신 멈추세요!
□ 我家马桶堵住了。　　　　Wǒ jiā mǎtǒng dǔzhùle.　　우리 집 변기가 꽉 막혔어요.

练习题 나는 그의 손을 꽉 붙들어 잡았다. _____

참고 抓 [zhuā] : 잡다. 쥐다.

4. 被～ V   ~에 의해 V 되다.
bèi～ V

"被" 피동사로 "~에 의해 V되다." 라는 뜻이다. 영어에 수동태문장을 중국어의 피동문이라 보면 된다.
(부록1- 기본어법 unit 15 겸어문 참고)

□ 我打碎了玻璃杯。→ 玻璃杯被我打碎了。　　Wǒ dǎsuìle bōlibēi. Bōlibēi bèi wǒ dǎsuìle.
　나는 유리잔을 깼다. → 유리잔이 나에 의해 깨지게 되었다.
□ 小偷儿偷走了我的钱包。→ 我的钱包被小偷儿偷走了。
　Xiǎotōur tōuzǒule wǒde qiánbāo. Wǒde qiánbāo bèi xiǎotōur tōuzǒule.
　도둑이 나의 지갑을 훔쳐갔다. → 나의 지갑은 도둑에 의해 훔쳐가게 되었다
□ 蛋糕被人吃了。/ 蛋糕被吃了。　　Dàngāo bèi rén chīle. Dàngāo bèi chīle.
　케이크가 (누군가에 의해) 먹어버리게 되었다. / 누군가 케이크를 먹었다.

练习题 우리집 자전거를 누군가 훔쳐갔다. _____

5. 一～, 就…   (1)~하자마자 …하다. (2) ~하기만 하면 …하다.
Yī ～, jiù …

뒤에 오는 동사의 성조에 따라 "一 [yī]"의 성조가 변하므로 성조에 주의하여 연습하자.

□ 我一起床,就出去跑步。　　Wǒ yì qǐchuáng, jiù chūqù pǎobù.　　나는 일어나자마자 바로 나가서 조깅한다.
□ 我一到晚上十点,就困得很厉害。　　Wǒ yí dào wǎnshang shídiǎn, jiù kùnde hěnlìhai.
　　　　　　　　　　　　　　　　나는 저녁 10시만 되면 너무 졸린다.
□ 他一回来,就玩游戏。　　Tā yì huílai, jiù wán yóuxì.　　그는 돌아오자마자 게임하고 논다.

练习题 나는 요즘 공부만 하려고 하면 졸린다. _____

Step 3 서바이벌 문장 330

🔊 MP3 001

185 我家突然停电了。(停水了)
Wǒjiā tūrán tíngdiànle. (tíngshuǐle)

186 我闻到煤气味儿了。是不是漏气了?
Wǒ wéndào méiqìwèir le. Shìbushì lòuqì le?

187 开了地暖也不暖和。开了空调也不凉快。
Kāile dìnuǎn yě bù nuǎnhuo. Kāile kōngtiáo yě bùliángkuài.

188 好像有问题了。(坏了)
Hǎoxiàng yǒuwèntí le. (huàile)

189 水排不出去了。
Shuǐ páibùchūqùle.

해석

185. 우리 집이 갑자기 정전이 됐어요.(단수가 됐어요)
186. 제가 가스냄새를 맡았어요. 혹시 가스가 샌 것은 아닌가요?
187. 온돌을 켰는데도 따뜻하지 않아요. 에어컨을 켰는데도 시원하지 않아요.
188. 문제가 생긴 것 같아요. (망가졌다)
189. 물이 배수가 되지 않아요.

190 马桶堵住了。
Mǎtǒng dǔzhùle.

191 这里地板全湿了。好像漏水。
Zhèli dìbǎn quán shīle. Hǎoxiàng lòushuǐ.

192 纱窗破了。
Shāchuāng pòle.

193 门被锁住了，开不开。
Mén bèi suǒzhù le, kāibukāi.

194 窗户太松了。能不能修？
Chuānghu tài sōngle. Néngbùnéng xiū?

> ### 해석
> 190. 변기가 꽉 막혔어요.
> 191. 여기 바닥이 전부 젖었어요. 물이 새는 것 같아요.
> 192. 방충망이 찢어졌어요.
> 193. 문이 꽉 잠겼어요. 열리지 않아요.
> 194. 창문이 너무 헐겁습니다. 고칠 수 있어요 없어요?

195 ~ 掉下来。
~ diàoxiàlái.

196 一开空调，就有声音。有什么问题吗?
Yì Kāi kōngtiáo, jiù yǒu shēngyīn. Yǒu shénme wèntí ma?

197 洗衣机安装在哪儿?(宽带)
Xǐyījī ānzhuāng zàinǎr? (kuāndài)

198 最近一直上不了网。
Zuìjìn yìzhí shàngbùliǎo wǎng.

199 上网速度特别慢。
Shàngwǎng sùdù tèbié màn.

해석

195. ~가 떨어져 내려와요.
196. 에어컨을 켜면 소리가 나요. 무슨 문제가 있나요?
197. 세탁기를 어디에 설치할까요?(무선랜)
198. 요즘 계속 인터넷 접속이 안됩니다.
199. 인터넷 접속 속도가 너무 느려요.

DAY 10 Mission

200 马上派师傅来修吧！(尽量快)
Mǎshàng pài shīfu lái xiūba! (jǐnliàngkuài)

201 我没带钥匙。
Wǒ méidài yàoshi.

202 再确认一下电表。
Zài quèrènyíxià diànbiǎo.

203 这里都发霉了。
Zhèlǐ dōu fāméile.

204 换成新的，好吗?
Huànchéng xīnde, hǎoma?

해석

200. 바로 기사를 보내 수리해주세요! (되도록 빨리)
201. 저는 열쇠를 가져오지 않았어요.
202. 다시 전기계량기를 확인해 보세요.
203. 여기에 다 곰팡이가 피었어요.
204. 새 것으로 바꿔주세요, 괜찮죠?

Step 4 미션 체크 연습문제

1. 다음 단어의 한어병음을 넣어 보세요. 중요 단어 쓰기

1) 갑자기 _____
2) 냄새 _____
3) 따뜻하다. _____
4) (문을) 잠그다. _____
5) 설치하다. _____

2. 다음 빈 칸을 채우세요. 중요 패턴 확인

1) ~ 하자마자 … 하다. / ~ 하기만 하면 … 하다. _____
   ① 집에 가자 마자 바로 나에게 전화해라. _____
   ② 에어컨을 켜기만 하면 소리가 난다. _____

2) 켤 수 없다, 열 수 없다. _____
   ① 3시에 도착할 수 없다. _____
   ② 시간 여유가 없다. _____

3. 아래 단어를 참고하여 다음 단어 괄호 안에 병음을 넣으세요. 중요 단어 풀이

凉 (_____)   排 (_____)   松 (_____)   确 (_____)   修 (_____)
서늘하다, 식다   배열하다, 배출하다   헐겁다   확실하다   고치다
凉菜 차가운 음식   排队 줄서다   放松 긴장을 풀다   确认 확인하다   修改 원고를) 고치다

4. 아래 빈 칸을 채우세요. 중요 문장 쓰기

1) 우리집에 갑자기 물이 안 나와요.
   我家突然_____水了。

2) 빨리 와서 수리해 주세요.
   快来_____吧!

3) 우리 집 바닥이 모두 젖었어요.
   我家的地板_____了。

4) 계속 인터넷 접속이 안돼요.
   一直_____网。

5) 열 수가 없어요.
   _____不_____。

6) 혹시 물이 새는 게 아닌가요?
   是不是_____水?

서바이벌 실전 회화

第十课 好像堵住了
막힌 것 같아요

🔊 MP3 003

- 堵住　dǔzhù 꽉 막히다.
- 靠　kào 기대다.
- 管道　guǎndào 파이프. 도관
- 下水道　xiàshuǐdào 하수도
- 地板　dìbǎn 바닥
- 联系　liánxì 연락하다. 연결하다.

A 喂！你好。
Wéi! Nǐhǎo.

我家洗手间的下水道好像堵住了。
Wǒjiā xǐshǒujiān de xiàshuǐdào hǎoxiàng dǔzhùle.

B 哪个洗手间？
Nǎge xǐshǒujiān?

A 靠客厅的洗手间。
Kào kètīngde xǐshǒujiān.

B 是洗手池下面的管道吗？
Shì xǐshǒuchíxiàmiàndeguǎndàoma?

A 是的。
Shìde.

B 你的地址呢？
Nǐde dìzhǐne?

A 16号楼, 302号。
   Shíliù hàolóu ,sānlíng'èr hào.

B 好的, 我跟师傅联系一下。马上派人去修。
   Hǎode,wǒ gēn shīfu liánxìyíxià. Mǎshàng pàirén qù xiū.

A 好的, 尽量快一点儿吧！谢谢。
   Hǎode, jǐnliàng kuàiyìdiǎnr ba! Xièxie.

해석

A: 여보세요. 안녕하세요!
   우리집 화장실 하수도가 막힌 것 같아요.
B: 어느 화장실이요?
A: 거실 가까이에 있는 화장실이에요.
B: 세면대 밑의 관이 막힌 거예요?
A: 네.
B: 당신 주소는요?
A: 16동 302호요.
B: 알겠어요.
   제가 일하는 사람한테 연락하겠습니다. 바로 보내서 고쳐 드릴게요.
A: 알겠어요. 되도록이면 빨리요. 감사합니다.

- 집에 문제 발생 시 찾아야 하는 사람 및 집의 공간명칭
- 자주 문제가 생기는 곳
- 집수리 기사와 대화 할 때

◆ 집에 문제 발생 시 찾아야 하는 사람 및 집의 공간명칭 ◆

物业	wùyè	관리사무실	客厅	kètīng	거실
办公室	bàngōngshì	사무실	厨房	chúfáng	주방
中介	zhōngjiè	부동산중개	阳台	yángtái	베란다
保安	bǎo'ān	경비	洗手间	xǐshǒujiān	화장실
房东	fángdōng	집주인	卧室	wòshì	침실
工人	gōngrén	작업기사	主卧	zhǔwò	안방
师傅	shīfu	아저씨	小卧	xiǎowò	작은방

◆ 자주 문제가 생기는 곳 ◆

水龙头	shuǐlóngtou	수도꼭지	天花板	tiānhuābǎn	천장
下水管道	xiàshuǐguǎndào	하수도관	墙壁	qiángbì	벽
马桶	mǎtǒng	변기	地板	dìbǎn	바닥
浴缸	yùgāng	욕조	窗户	chuānghu	창문
洗手池	xǐshǒuchí	세면대	窗帘	chuānglián	커튼
煤气灶	méiqìzào	가스렌지	门锁	ménsuǒ	자물쇠, 잠금장치
抽烟机	chōuyānjī	후드	洗碗池	xǐwǎnchí	개수대

◆ 집수리 기사와 대화 할 때 ◆

堵住了	dǔzhùle	꽉 막혔다.	关	guān	끄다. 잠구다.
漏水	lòushuǐ	물이 샌다.	开	kāi	켜다. 열다.
漏气	lòuqì	가스가 샌다.	松	sōng	헐겁다.
停电了	tíngdiànle	정전되었다.	紧	jǐn	팽팽하다.(바짝)죄다.
停水了	tíngshuǐle	물이 멈췄다.	尽快来	jǐnkuàilái	되도록 빨리와라
坏了	huàile	망가졌다.	马上来	mǎshànglái	바로 와라.
破了	pòle	찢어지다.	快点来	kuàidiǎnlái	좀 빨리 와라.
掉了	diàole	떨어졌다.	快过来	kuàiguòlái	빨리 건너와라.
开不了	kāibuliǎo	켜지지 않는다.	很麻烦	hěnmáfan	매우 귀찮다.
灯泡	dēngpào	전구	修好了	xiūhǎole	다 고쳤다.
换灯	huàndēng	등을 갈다.	修完了	xiūwánle	다 고쳤다.
没有反应	méiyǒufǎnyìng	반응하지 않는다.	修不了	xiūbùliǎo	고칠 수 없다.
上不了网	shàngbuliǎowǎng	인터넷접속이 안된다.	有水了	yǒushuǐle	물이 나온다.
钉钉子	dìng dīngzi	못을 박다.	有电了	yǒudiànle	전기가 나온다.
修(理)	xiū(li)	고치다. 수리하다.	结束了	jiéshùle	끝났다.
(安)装	(ān)zhuāng	설치하다.	转换	zhuǎnhuàn	(냉난방) 전환하다.
施工	shīgōng	공사하다.	上门费	shàngménfèi	방문비
没有配件	méiyǒupèijiàn	부품이 없다.	安装费	ānzhuāngfèi	설치비

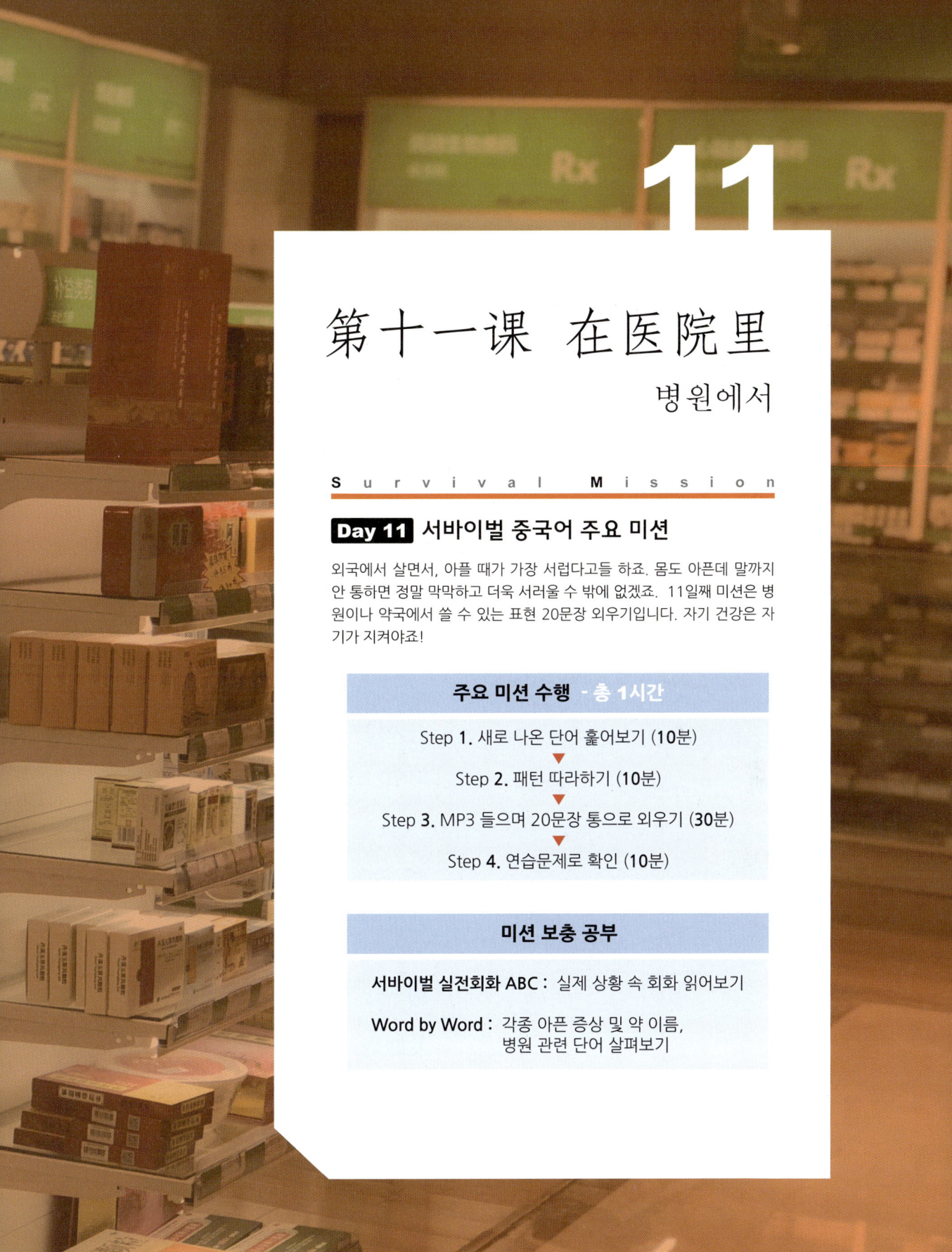

第十一课 在医院里
병원에서

Survival Mission

Day 11 서바이벌 중국어 주요 미션

외국에서 살면서, 아플 때가 가장 서럽다고들 하죠. 몸도 아픈데 말까지 안 통하면 정말 막막하고 더욱 서러울 수 밖에 없겠죠. 11일째 미션은 병원이나 약국에서 쓸 수 있는 표현 20문장 외우기입니다. 자기 건강은 자기가 지켜야죠!

주요 미션 수행 - 총 1시간

Step 1. 새로 나온 단어 훑어보기 (10분)
▼
Step 2. 패턴 따라하기 (10분)
▼
Step 3. MP3 들으며 20문장 통으로 외우기 (30분)
▼
Step 4. 연습문제로 확인 (10분)

미션 보충 공부

서바이벌 실전회화 ABC : 실제 상황 속 회화 읽어보기

Word by Word : 각종 아픈 증상 및 약 이름, 병원 관련 단어 살펴보기

第十一课 在医院里 병원에서

Step 1 새로 나온 단어 맛보기

	한자	발음	뜻	예문
1	挂号	guàhào	접수하다.	在哪儿挂号？ Zài nǎr guàhào? 어디에서 접수하죠?
2	舒服	shūfu	편안하다. 상쾌하다.	哪儿不舒服？ Nǎr bùshūfu? 어디가 불편하세요?
3	量	liáng	(길이,크기,무게) 재다.	量一量体温吧！ Liángyiliáng tǐwēn ba! 체온을 재보세요.
4	体重(温)	tǐzhòng(wēn)	체중(온)	量一量体重吧！ Liángyiliáng tǐzhòng ba! 체중을 재보세요.
5	说明	shuōmíng	설명하다.	说明一下吃法。 Shuōmíngyíxià chīfa. 먹는 법을 설명해주세요.
6	吃法	chīfa	먹는 법	这怎么吃法？ Zhè zěnme chīfa? 이거 어떻게 먹죠?
7	厉害	lìhai	대단하다. 굉장하다.	他很厉害。 Tā hěn lìhai. 그는 매우 대단합니다.
8	疼	téng	아프다.	痛 tòng 아프다.
9	烧	shāo	열이 나다. 뜨겁다.	发烧烧得很厉害。 Fāshāo shāode hěn lìhai. 열이 매우 심해요.
10	饭后吃	fànhòuchī	식후에 먹다.	这个药得饭后吃。 Zhègeyào děi fànhòuchī. 이 약은 식후에 먹어야 합니다.

	한자	발음	뜻	예문
11	过敏	guòmǐn	예민하다. 과민	我对鸡蛋过敏。 Wǒ duì jīdàn guòmǐn. 저는 계란 알러지가 있습니다.
12	病史	bìngshǐ	병력	有没有过敏的病史? Yǒuméiyǒu guòmǐnde bìngshǐ? 알러지 병력이 있어요 없어요?
13	化验	huàyàn	화학검사 (하다)	你去化验一下。 Nǐ qù huàyànyíxià. 당신은 가서 화학검사를 하셔야해요.
14	接尿	jiēniào	오줌을 받다.	尿尿　niàoniào　소변을 누다.
15	做手术	zuòshǒushù	수술을 하다.	做什么手术? Zuò shénme shǒushù?　어떤 수술을 합니까?
16	症狀	zhèngzhuàng	증상, 증세	还有别的症状吗? Háiyǒu biéde zhèngzhuàng ma? 그밖에 다른 증상이 있습니까?
17	感冒药	gǎnmàoyào	감기약	得吃感冒药。 Děi chī gǎnmàoyào. 감기약을 먹어야 한다.
18	退烧药	tuìshāoyào	해열제	儿童退烧药 értóng tuìshāoyào 소아 해열제
19	打点滴	dǎdiǎndī	링거를 맞다.	我打了点滴就好多了。 Wǒ dǎle diǎndī jiù hǎoduōle. 나는 링거를 맞으니 많이 좋아졌어요.
20	身体	shēntǐ	몸, 신체	你身体好了吗? Nǐ shēntǐ hǎole ma?　당신은 몸이 좋아졌나요?
21	健康	jiànkāng	건강	他身体很健康。 Tā shēntǐ hěn jiànkāng.　그는 매우 건강하다.
22	保重	bǎozhòng	몸조심하다.	好好保重身体。 Hǎohāo bǎozhòng shēntǐ.　몸조리 잘 하세요.

Step 2 패턴 그대로 따라하기

1. 哪儿 ~ ? 어디가 ~ 하니?
Nǎr ~

반어적인 표현하는 패턴 중의 하나이다. 한국어랑 비슷한 어감이라 이해하기 쉬울 것이다.

- □ 你哪儿不舒服? Nǐ nǎr bùshūfu? 당신은 어디가 불편합니까?
- □ 哪儿不一样? Nǎr bùyíyàng? 어디가 다르냐?
- □ 哪儿有白吃的午餐。 Nǎr yǒu báichīde wǔcān. 어디에 공짜 먹는 점심이 있겠니? 세상에 공짜 없다.

练习题 어디 그렇게 싼 게 있니? ....

2. 吃一个星期药   약을 일주일 동안 먹어라.
chī yígexīngqī yào

[술어 + 시량사 + 목적어] 어순에 주목하자. (부록1- 기본어법 unit 4 시간보어 참고)

- □ 看一个小时电视。 Kàn yígexiǎoshí diànshì. tv를 한 시간 동안 본다.
- □ 睡八个小时觉。 Shuì bāgexiǎoshí jiào. 8시간 동안 잠을 잔다.
- □ 弹半个小时钢琴。 Tán bàngexiǎoshí gāngqín. 30분 동안 피아노를 친다.

练习题 나는 매일 한 시간 동안 중국어를 공부한다. ....

3. 病了一个星期了 일주일 째 아프다.
bìngle yígexīngqī le

V 뒤에 붙은 "了" 는 완료의 동태조사, 마지막의 "了" 는 현재까지도 진행됨을 나타내는 어기 조사이다. 따라서 한국어 해석에 "일주일 째 아프다" 라는 , 즉 현재도 아프다 라는 사실을 알 수 있다. (부록1- 기본어법 unit 4 시간보어 참고)

DAY 11 Mission

☐ 在上海住了一年了。　　　Zài Shànghǎi zhùle yìniánle.　상해에 1년째 살고 있다.
☐ 你怎么看了一个小时电视了？　Nǐ zěnme kànle yígexiǎoshí diànshì le?
　　　　　　　　　　　　　　　　　　　　　　너는 왜 한시간 째 TV를 보고 있니?
☐ 我学了半年汉语了。　　　Wǒ xuéle bànnián Hànyǔ le.　나는 반 년간 중국어를 공부하고 있다.

练习题 나는 그녀와 3시간 째 수다를 떨고 있다. _____

참고 聊/天儿 [liáo/tiānr] 수다 떨다.

4. V 过　　~한 적 있다.
V guo

V 过 는 경험을 나타낸다. " ~ 한 적있다." (부록1- 기본어법 unit 6 - 동태조사 참고)

☐ 去过那儿。　　　　　Qùguo nàr.　　　　　　거기에 간 적이 있다.
☐ 没去过那儿。　　　　Méi qùguo nàr.　　　　거기에 간 적이 없다.
☐ 一次也没去过那儿。　Yícìyě méiqùguo nàr.　한 번도 거기에 간 적이 없다.

练习题 난 향채는 한 번도 먹어본 적 없다. _____

5. 祝你身体健康！　건강하시길 바랄게요.
Zhùnǐ shēntǐ jiànkāng.

기원하다. 축원하다. 바라다. 祝你~ : Zhùnǐ~

☐ 祝你一路顺风。　　Zhùnǐ yílùshùnfēng.　　여행 길이 편안하시길 기원합니다.
☐ 祝你新年快乐。　　Zhùnǐ xīnniánkuàilè.　　새해 행복하시길 축복합니다.
☐ 祝你万事如意。　　Zhùnǐ wànshìrúyì.　　　만사 형통하시길 바랍니다.

练习题 당신 여행 길이 평안하길 바래요. _____

Step 3 서바이벌 문장 330

🔊 **MP3** 001

在医院, 在药房 [zài yīyuàn, zài yàofáng]

205 你先去挂号吧。
Nǐ xiānqù guàhàoba.

206 我要挂儿科。
Wǒ yào guà érkē.

207 你是第一次来的吗?
Nǐ shì dìyīcì láide ma?

208 你哪儿不舒服?
Nǐ nǎr bùshūfu?

209 量一量体重吧!(体温)
Liángyiliáng tǐzhòng ba! (tǐwēn)

해석

병원에서, 약국에서 -

205. 먼저 가서 접수하세요.
206. 저는 소아과를 접수하려고 합니다.
207. 당신은 처음 오신 겁니까?
208. 어디가 불편하십니까?
209. 체중을 좀 잽시다! (체온)

DAY 11 Mission

210 得吃一个星期药。
Děi chī yígexīngqī yào.

211 说明一下吃法。
Shuōmíngyíxià chīfa.

212 是什么病?
Shì shénme bìng?

213 病了一个星期了。
Bìngle yígexīngqī le.

214 (头/肚子)疼得很厉害。(烧得很厉害)
(tóu / dùzi) téngde hěn lìhai. (shāode hěn lìhai.)

해석

210. 일주일 동안 약을 먹어야 합니다.
211. 먹는 방법을 설명해 주세요.
212. 무슨 병이죠?
213. 일주일째 아픕니다.
214. (머리가 / 배가) 매우 심하게 아픕니다. (매우 심하게 열이 납니다)

215 每天吃三次，一次吃两片。
Měitiān chī sāncì, yícì chī liǎngpiàn.

216 这个药得饭后吃 / 饭前吃 / 睡前吃。
Zhègeyào děi fànhòuchī / fànqiánchī / shuìqiánchī.

217 以前有没有过敏的病史？
Yǐqián yǒuméiyǒu guòmǐn de bìngshǐ?

218 你得去化验一下。去接一下尿。
Nǐ děi qù huàyànyíxià. Qù jiēyíxià niào.

219 以前做过手术吗？
Yǐqián zuòguo shǒushù ma?

해석

215. 매일 세 번 먹습니다. 한 번에 두 알이요.
216. 이 약은 식후에 / 식전에 / 취침 전에 먹어야 합니다.
217. 이전에 알레르기 병력이 있어요 없어요?
218. 당신은 가서 화학검사를 하셔야 해요. 가서 오줌을 받아오세요.
219. 이전에 수술한 적 있습니까?

220 还有别的症状吗?
Háiyǒu biéde zhèngzhuàng ma?

221 孩子的感冒药在哪儿?(退烧药)
Háizide gǎnmàoyào zài nǎr? (tuìshāoyào)

222 多喝水, 多休息, 马上就好了。
Duōhēshuǐ, duōxiūxi, mǎshàng jiù hǎole.

223 打点滴好得快点儿。
Dǎdiǎndī hǎode kuàidiǎnr.

224 好好儿保重身体。/ 祝你身体健康!
Hǎohāor bǎozhòng shēntǐ. / Zhùnǐ shēntǐ jiànkāng!

해석

220. 다른 증상이 더 있습니까?
221. 아이들 감기약이 어디 있습니까? (해열제)
222. 물 많이 마시고, 휴식 많이 하시면 바로 좋아질 거에요.
223. 링거를 맞으면 더 빨리 좋아질 수 있어요.
224. 건강 관리 잘하세요 / 당신이 건강하시길 기원합니다.

Step 4 미션 체크 연습문제

1. 다음 단어의 한어병음을 넣어 보세요. 중요 단어 쓰기

1) 접수하다. _____

2) (길이,크기,무게…) 재다. _____

3) 대단하다. 굉장하다. _____

4) 수술하다. _____

5) 해열제 _____

2. 다음 빈 칸을 채우세요. 중요 패턴 확인

1) 일주일 동안 약을 먹는다. _____

   ① 일주일 동안 수업을 한다. _____

   ② 일주일 동안 아팠다. _____

2) ~한 적 있다 _____

   ① 가본 적 있다. 가본 적 없다. _____

   ② 한번 도 가본 적 없다. _____

3. 아래 단어를 참고하여 다음 단어 괄호 안에 병음을 넣으세요. 중요 단어 풀이

挂 (　　　)	量 (　　　)	烧 (　　　)	保 (　　　)	疼 (　　　)
걸다	(무게,길이를)재다	열이나다, 끓이다	보호하다	아프다
挂号 접수하다	量体重 체중을 재다	发烧 열이 나다	保重 몸조심하다	疼痛 아프다

4. 아래 빈 칸을 채우세요. 중요 문장 쓰기

1) 먼저 가서 접수해라.

   先去＿＿＿＿＿＿吧。

2) 어디가 불편하세요?

   你哪儿不＿＿＿＿＿＿?

3) 매일 세 번 먹는다.

   每天吃＿＿＿＿＿＿。

4) 물 많이 마시고 많이 쉬면 바로 좋아질 것입니다.

   ＿＿＿＿＿＿水，＿＿＿＿＿＿休息, 马上就好了。

5) 몸조리 잘하세요. (건강관리 잘하세요.)

   好好儿＿＿＿＿＿＿身体。

6) 일주일째 아파요.

   病＿＿＿＿＿＿一个星期＿＿＿＿＿＿。

서바이벌 실전 회화

第十一课 在医院里

병원에서

🔊 MP3 003

- 挂号处　guàhàochù　접수처
- 咳嗽　késou　기침하다.
- 发烧　fāshāo　열이나다.
- 嗓子疼　sǎngzi téng　목구멍이 아프다.
- 张开嘴　zhāngkāi zuǐ　입을 벌리다.
- 喉咙　hóulóng　목구멍, 인후
- 肿　zhǒng　붓다. 부어오르다.
- 抽血　chōuxuè　피를 뽑다.
- 结果　jiéguǒ　결과
- 乙型流感　yǐxíng liúgǎn　B형 독감(유행성 감기)
- 达菲　dáfēi　타미플루

A 你好。这里是儿科的挂号处吗?
Nǐ hǎo. Zhèli shì érkēde guàhàochù ma?

B 是的。
Shìde.

A 我已经预定了。孩子的名字叫白圆圆。
Wǒ yǐjīng yùdìngle. Háizi de míngzi jiào báiyuányuán.

B 他是第一次来的吗?你填一下这张表。
Tāshì dìyīcì láide ma? Nǐ tiányíxià zhèzhāngbiǎo.

看医生

C 哪儿不舒服?
Nǎr bùshūfu?

A 他咳嗽, 发烧, 烧得很厉害。他说嗓子也很疼。
Tā késou, fāshāo, shāode hěnlìhai. Tā shuō sǎngzi yě hěn téng.

C 几天了?
Jǐtiānle?

A 差不多三天了。
Chàbuduō sāntiānle.

C 你张开嘴，哎呀，喉咙肿得太严重了。
Nǐ zhāngkāi zuǐ, āiya hóulóng zhǒng de tài yánzhòngle

C 你得去化验了。先去挂号, 然后去抽血室抽血。
Nǐ děi qù huàyàn le. Xiān qù guàhào, ránhòu qù chōuxuèshì chōuxuè.

C 化验结果出来了。乙型流感。我给他开药。达菲一定要吃五天。
Huàyàn jiéguǒ chūláile. Yǐxíngliúgǎn. Wǒ gěitā kāiyào. Dáfēi yídìngyào chī wǔtiān.

해석

A: 안녕하세요. 여기가 소아과 접수처인가요?
B: 그렇습니다.
A: 저 이미 예약했거든요. 애 이름이 바이 위엔위엔 이라고 합니다.
B: 처음 온 겁니까? 이 표를 작성해 주세요.

진찰하다
C: 어디가 불편하세요?
A: 그는 기침을 하고, 열이 나요, 열이 매우 심해요. 목도 매우 아프다고 해요.
C: 며칠 되었습니까?
A: 거의 3일 되었어요.
C: 입을 벌려보자. 에휴, 인후가 너무 심하게 부었어요.
C: 화학검사를 해봐야 해요. 먼저 접수하시고 채혈실 가서 피를 뽑으세요.
C: 화학검사 결과가 나왔어요.
B: B형 독감이에요.
    약처방 해드리죠. 타미플루는 꼭 5일치 다 드셔야 합니다.

Word by Word

Day 11

- 병원과 관련된 여러가지 단어
- 병원에 진찰받을 때
- 여러 가지 증상 및 질병
- 기타 질병 및 약품명

◆ 병원과 관련된 여러 가지 단어 ◆

중국어	병음	한국어
医生(大夫)	yīshēng(dàifu)	의사
护士	hùshi	간호사
妇科	fùkē	부인과
儿科	érkē	소아과
骨科	gǔkē	정형외과
皮肤科	pífūkē	피부과
眼科	yǎnkē	안과
口腔科	kǒuqiāngkē	치과
耳鼻喉科	ěrbíhóukē	이비인후과
整容科	zhěngróngkē	성형외과
内科	nèikē	내과

중국어	병음	한국어
看病(医生)	kànbìng(yīshēng)	진찰받다.
体检	tǐjiǎn	신체검사
化验	huàyàn	화학검사
抽血	chōuxuè	피를 뽑다.
验尿	yànniào	소변을 검사하다.
拍X-光片	pāi X-guāngpiàn	X-Ray를 찍다.
做手术	zuòshǒushù	수술을 하다.
治疗	zhìliáo	치료하다.
打针	dǎzhēn	주사 맞다.
开药	kāiyào	약을 처방하다.
取药	qǔyào	약을 찾다.

◆ 병원에 진찰받을 때 ◆

중국어	병음	한국어
挂号	guàhào	접수하다.
收费处	shōufèichù	원무과
诊疗室	zhěnliáoshì	진료실
药房	yàofáng	약방.

중국어	병음	한국어
输液	shūyè	수액
急诊	jízhěn	응급
住院	zhùyuàn	입원하다.
国际部	guójìbù	국제부

◆ 여러 가지 증상 및 질병 ◆

流鼻涕	liúbítì	콧물을 흘리다.
发烧	fāshāo	열이 나다.
咳嗽	késou	기침하다.
鼻塞	bísāi	코가 막히다.
打喷嚏	dǎpēntì	재채기하다.
头晕	tóuyūn	머리가 어지럽다.
头疼	tóuténg	머리가 아프다.
嗓子疼	sǎngziténg	목구멍이 아프다.

肚子疼	dùziténg	배가 아프다.
拉肚子	lādùzi	배탈나다.
牙疼	yáténg	이가 아프다.
得病	débìng	병 걸리다.
中耳炎	zhōngěryán	중이염
受伤	shòushāng	상처를 입다.
吐	tù, tǔ	토하다.
烫伤	tàngshāng	화상입다.

◆ 기타 질병 및 약품명 ◆

流鼻血	liúbíxuè	코피를 흘리다.
过敏性	guòmǐnxìng	알레르기성
鼻炎	bíyán	비염
高血压	gāoxuèyā	고혈압
流感	liúgǎn	유행성감기 (독감)
软膏	ruǎngāo	연고
邦迪	bàngdí	대일밴드
膏药贴	gāoyàotiē	파스

酸痛	suāntòng	쑤시고 아프다.
痒	yǎng	가렵다.
麻	má	저리다.
肿	zhǒng	붓다.
晕车	yūnchē	차멀미하다.
退烧药	tuìshāoyào	해열제
消炎药	xiāoyányào	소염제
止痛药	zhǐtòngyào	진통제

12 第十二课 在银行里 은행에서

Step 1 새로 나온 단어 맛보기

	한자	발음	뜻	예문
1	开户	kāihù	계좌를 개설하다.	我要开户。 Wǒ yào kāihù. 저는 계좌개설을 하려고 합니다.
2	取钱	qǔqián	돈을 찾다.	取多少钱? Qǔ duōshǎoqián? 얼마를 찾으시죠?
3	存款(钱)	cúnkuǎn(qián)	저금하다.	我要存钱。 Wǒ yào cúnqián. 저는 저금하려고 합니다.
4	查询	cháxún	문의하다. 찾아보다.	查询余额 cháxún yú é 잔액을 조회하다.
5	余额	yú'é	잔액	余额有多少? Yú'é yǒu duōshǎo? 잔액이 얼마입니까?
6	复印	fùyìn	복사하다.	复印身份证 fùyìn shēnfènzhèng 신분증을 복사하다.
7	护照	hùzhào	여권	给我看护照。 Gěiwǒ kàn hùzhào. 저에게 여권을 보여주세요.
8	转账	zhuǎnzhàng	계좌이체하다.	转账要写什么? Zhuǎnzhàng yào xiě shénme? 계좌이체에 무엇을 써야하나요?
9	汇率	huìlǜ	환율	今天的汇率是多少? Jīntiāndehuìlǜ shì duōshǎo? 오늘의 환율이 어떻게 되죠?
10	输入	shūrù	입력하다.	请输入密码。 Qǐng shūrù mìmǎ. 비밀번호를 넣으세요.
11	密码	mìmǎ	비밀번호	按六位密码 Àn liùwèi mìmǎ 6자리 비밀번호를 넣으세요.

	한자	발음	뜻	예문
12	存折	cúnzhé	예금통장	没有存折吗? Méiyǒu cúnzhé ma? 저축통장은 없습니까?
13	利息	lìxī	이자	利息是多少? Lìxī shì duōshǎo? 이자가 어떻게 되죠?
14	定期	dìngqī	정기예금	我要定期付款。 Wǒ yào dìngqī fùkuǎn. 저는 정기예금을 원합니다.
15	填写	tiánxiě	기입하다.	填写这张表。 Tiánxiě zhèzhāng biǎo. 이 표를 작성해주세요.
16	表	biǎo	표. Form	填一下这张申请表。 Tiányíxià zhèzhāng shēnqǐngbiǎo. 이 신청표를 작성해주세요.
17	开通	kāitōng	개통하다.	我想开通支付宝。 Wǒ xiǎng kāitōng zhīfùbǎo. 저는 쯔푸바오를 개통하려고 합니다.
18	网银	wǎngyín	인터넷 뱅킹	我想开通网银。 Wǒ xiǎng kāitōng wǎngyín. 저는 인터넷뱅킹을 개통하려고 해요.
19	挂失	guàshī	분실신고하다.	我要挂失。 Wǒ yào guàshī. 저는 분실신고를 하려고 합니다.
20	丢	diū	잃어버리다.	你在哪儿丢卡了? Nǐ zài nǎr diūkǎ le? 당신은 어디에서 카드를 잃어버렸나요?
21	理财	lǐcái	재테크(하다)	我要买理财。 Wǒ yào mǎi lǐcái. 저는 재테크상품을 사려고 해요.
22	保本	bǎoběn	원금보장	我要保本的。 Wǒ yào bǎoběnde. 저는 원금보장형을 원해요.
23	申请	shēnqǐng	신청하다.	填写申请表。 Tiánxiě shēnqǐngbiǎo. 신청표를 작성해주세요.
25	记得	jìde	기억하고 있다.	你记得我吗? Nǐ jìde wǒ ma? 당신은 저를 기억하세요?
26	短信	duǎnxìn	메시지	给我发一下短信。 Gěiwǒ fāyíxià duǎnxìn. 저에게 메시지를 보내세요.
27	签名	qiānmíng	서명하다.	这儿签名。 Zhèr qiānmíng. 여기에 서명하세요.

Step 2 패턴 그대로 따라하기

1. (是) 多少? 얼마입니까?
(shì) duōshǎo?

"얼마나" 라는 뜻의 多少。多少나 几 둘 다 수를 물을 때 사용하지만 几는 10 이하 정도의 수를 예상하고 물으며 반드시 뒤에 양사가 온다. 多少는 수의 제한은 없으며 양사가 있어도 되고 없어도 상관없다.

☐ 卡号是多少? Kǎhàoshì duōshǎo? 카드 번호가 어떻게 되죠?
☐ 证件号码是多少? Zhèngjiànhàomǎ shì duōshǎo? 신분증 번호가 어떻게 되죠?
☐ 手机号码是多少? Shǒujīhàomǎ shì duōshǎo? 핸드폰 번호가 어떻게 됩니까?

练习题 당신은 얼마나 원합니까? _____

2. 记得~ ~라 기억하다.
Jìde ~

(부록1- 기본어법 unit 12 가능보어 참고) 《~ 라 기억하다 : 记得~ // 기억할 수 없다 : 不记得~ 》

☐ 你认得路吗? Nǐ rènde lùma? 당신은 길을 잘 알아요?
☐ 我记得他上三年级。 Wǒ jìde tā shàng sānniánjí. 저는 그가 삼학년에 다니는 걸로 기억합니다.
☐ 你记得我的名字吗? Nǐ jìde wǒde míngzima? 당신은 내 이름을 기억합니까?

练习题 당신은 저를 기억하겠습니까? _____

3. ~ , S 才 … ~에서야 비로소, 그제서야
~ ,   cái ...

才는 "~에서야 비로소, 그제서야" 라는 부사. 즉 "늦다"라는 어감을 갖고 있다. 就 는 "~ 면 바로" 라는 뜻으로 이르다 라는 어감을 갖고 있다.

DAY 12 Mission

- □ 7点才开始上课。　　　　Qīdiǎn cái kāishǐ shàngkè.　　7시에야 수업을 시작합니다.
  《비교》 7点就开始上课。　Qīdiǎn jiù kāishǐ shàngkè.　　7시면 바로 수업을 시작합니다.
- □ 你怎么现在才来?　　　　Nǐ zěnme xiànzài cái lái?　　당신은 어떻게 이제서야 오시나요?
- □ 你一个星期以后, 才能取卡。　Nǐ yígexīngqī yǐhòu, cái néng qǔkǎ.　당신은 일주일 후에야 카드를 받을 수 있습니다.

  《비교》 一个星期以后, 就能取卡。　Yígexīngqī yǐhòu, jiùnéng qǔkǎ.　일주일 후면 바로 카드를 받을 수 있습니다.

练习题 다음주에야 돌아올 수 있습니다. _____

4. 一天能取多少钱? 하루에 얼마를 찾을 수 있습니까?
Yìtiān néng qǔ duōshǎoqián?

어떤 일정 기간 내에 무언가를 몇 번 얼마만큼 한다고 할 때, 시간의 길이인 시량이 앞에 놓이게 된다.

- □ 一个月洗一次。　　　Yígeyuè xǐyícì.　　　한 달에 한 번 세탁하세요.
- □ 一天吃三次。　　　　Yìtiān chī sāncì.　　하루에 세 번 먹습니다.
- □ 一次能取2000块。　　Yícì néngqǔ liǎngqiānkuài.　한 번에 2000원을 찾을 수 있습니다.

练习题 난 하루에 두 편의 영화를 봅니다. _____

5. 把人民币换成韩币。 인민폐를 한국돈으로 바꾸다.
Bǎ Rénmínbì huànchéng Hánbì.

把 A V 成 B : A를 B로 V하게 하다. V에 "成+변신의 대상" 이 붙어 "~로 V되다"라는 뜻을 갖는다.
(부록1- 기본어법 unit 13 把字句 참고)

- □ 把他当成我老师。　　　Bǎtā dāngchéng wǒ lǎoshī.　　　그를 제 선생님으로 모실게요.
- □ 把它切成两块,好吗?　　Bǎtā qiēchéng liǎngkuài, hǎoma?　그것을 두 조각으로 잘라주세요.
- □ 小学改成六年制。　　　Xiǎoxué gǎichéng liùniánzhì.　　초등학교를 6년제로 바꾸다.

练习题 나는 "大"자를 "太"자로 보았어요. _____

제12강 은행에서 미션 1과정 · 197

Step 3 서바이벌 문장 330

🔊 MP3 001

225 我要开户。
Wǒ yào kāihù.

— 取钱(款), 存钱(款), 贷钱(款), 查询余额。
qǔqián(kuǎn), cúnqián(kuǎn), dàiqián(kuǎn), cháxúnyú`é

226 我要查询余额。
Wǒ yào cháxún yú'é.

227 请给我护照。(证件) 要复印一下。
Qǐng gěi wǒ hùzhào. (zhèngjiàn) Yào fùyìn yíxià.

228 我要转账。
Wǒ yào zhuǎnzhàng.

229 这儿可以把人民币换成韩币吗?
Zhèr kěyǐ bǎ Rénmínbì huànchéng Hánbì ma?

해석

225. 은행 계좌를 만들려고 합니다.
    - 출금하다. 입금하다. 대출하다. 잔액을 확인하다.
226. 저는 잔액을 확인하려고 합니다.
227. 여권을 주세요. (신분증) 복사 좀 하겠습니다.
228. 돈을 부치려고 합니다.
229. 여기서 인민폐를 한국돈으로 환전할 수 있나요?

230 今天的汇率是多少？
Jīntiānde huìlǜ shì duōshǎo?

231 请输入密码。（请再～）
Qǐng shūrù mìmǎ. (qǐngzài~)

232 我还要办个存折。
Wǒ háiyào bàn ge cúnzhé.

233 现在利息多少？
Xiànzài lìxī duōshǎo?

234 我要存定期。（存活期）
Wǒ yào cún dìngqī. (cún huóqī)

해석

230. 오늘의 환율은 얼마입니까?
231. 비밀번호를 입력해주세요. (다시~)
232. 전 예금통장도 원합니다.
233. 지금 이율이 어떻게 되나요?
234. 정기적금을 들려고 합니다. (보통예금)

step 3 서바이벌 문장 **330**

🔊 MP3 002

235 请填写这张表。
Qǐng tiánxiě zhèzhāngbiǎo.

236 我想开通网上银行／"支付宝"。
Wǒ xiǎng kāitōng wǎngshàngyínháng /"zhīfùbǎo".

237 我要挂失。
Wǒ yào guàshī.

238 我想买理财。要保本的。
Wǒ xiǎngmǎi lǐcái. Yào bǎoběnde.

239 你记得卡号吗?(账号)
Nǐ jìde kǎhàoma? (zhànghào)

> **해석**
>
> **235.** 이 표를 작성해주세요.
> **236.** 저는 인터넷 은행 / "쯔푸바오(Alipay)"을 개설하려고 해요.
> **237.** 분실 신고를 하려고 해요.
> **238.** 저는 이재(재테크)상품을 사려고 합니다. 원금 보장형이요.
> **239.** 카드번호 기억하십니까? (계좌번호)

DAY 12　Mission

240　你一个星期以后, 才能取到新卡。
Nǐ yígexīngqī yǐhòu, cái néng qǔdào xīnkǎ.

241　你在这儿写一下在哪儿丢的卡。
Nǐ zài zhèr xiěyíxià zàinǎrdiūdekǎ.

242　你要开通短信服务吗?
Nǐ yào kāitōng duǎnxìn fúwùma?

243　这儿签名。
Zhèr qiānmíng.

244　一天能取多少钱?
Yìtiān néngqǔ duōshǎoqián?

해석

240. 당신은 일주일 후에 카드를 재발급 받을 수 있어요.
241. 당신은 여기에 어디에서 분실하셨는지 쓰세요.
242. 메시지 서비스를 개통 하시겠습니까?
243. 여기에 서명해주세요.
244. 하루에 얼마까지 출금 가능해요?

Step 4 미션 체크 연습문제

1. 다음 단어의 한어병음을 넣어 보세오. 중요 단어 쓰기

　　1) 계좌를 개설하다　　_____

　　2) 돈을 저축하다　　_____

　　3) 분실 신고하다　　_____

　　4) 카드를 잃어 버리다　　_____

　　5) 메세지　　_____

2. 다음 빈 칸을 채우세요. 중요 패턴 확인

　　1) ~라 기억한다　　_____

　　　① 당신은 저의 이름을 기억합니까?　　_____

　　　② 저는 이것을 50원이었던 걸로 기억합니다.　　_____

　　2) ~해서야 (비로소)　　_____

　　　① 일주일 이후에서야 택배를 받을 수 있어요.　　_____

　　　② 우리 아이는 4시가 되어야 돌아옵니다.　　_____

3. 아래 단어를 참고하여 다음 단어 괄호 안에 병음을 넣으세요. 중요 단어 풀이

转 (_____)　　查 (_____)　　询 (_____)　　款 (_____)　　记 (_____)
전환하다, (방향)돌다　　조사하다　　묻다, 문의하다　　스타일, 돈　　기록하다, 기억하다
转发 전달하다　　查询 알아보다　　咨询 문의하다　　新款 신상품　　记录 기록

4. 아래 빈 칸을 채우세요. 중요 문장 쓰기

1) 여권을 복사하려고 합니다.

要_____一下护照。

2) 비밀번호를 입력하세요.

请_____密码。

3) 당신은 일주일 후에서야 새 카드를 발급받을 수 있습니다.

你一个星期以后, _____取到新卡 。

4) 여기에 사인하세요.

这儿_____。

5) 하루에 얼마를 찾을 수 있습니까?

_____能取多少钱?

6) 이 표를 작성해주세요.

请_____这张表。

서바이벌 실전 회화

第十二课 在银行
은행에서

🔊 MP3 003

- 理财 lǐcái 재테크하다.
- 风险 fēngxiǎn 리스크, 위험
- 选 xuǎn 선택하다.
- 期限 qīxiàn 기한
- 到期 dàoqī 기간이 되다.
- 收回 shōuhuí 회수하다

A 你好！我要买理财，你推荐一下！
Nǐhǎo! Wǒ yàomǎi lǐcái, nǐ tuījiànyíxià!

我觉得利息高的风险太大了，
Wǒjuéde lìxī gāode fēngxiǎn tàidàle,

最好还是保本的吧。
zuìhǎo háishì bǎoběnde ba.

B 你要买多少钱？
Nǐ yào mǎi duōshǎoqián?

你要多少期限的？
Nǐ yào duōshǎo qīxiànde?

你看一下，这儿可以选商品。
Nǐ kànyíxià, zhèr kěyǐ xuǎn shāngpǐn.

这是定期的。这是活期的。
Zhè shì dìngqīde. Zhèshì huóqīde.

我推荐期限3个月的这个商品。
Wǒ tuījiàn qīxiàn sāngeyuède zhège shāngpǐn.

A 好吧！我要买五千。
Hǎoba! Wǒ yào mǎi wǔqiān.

到期可以收回多少钱？
Dàoqī kěyǐ shōuhuí duōshǎoqián?

B 你是新客户, 利息再多给你0. 5%。
Nǐshì xīnkèhù. Lìxī zàiduōgěinǐ bǎifēnzhī língdiǎnwǔ.

到期大概收这样。
Dàoqī dàgài shōu zhèyàng.

해석

A: 안녕하세요! 저는 재테크를 하려고 합니다. 추천 좀 해주세요.
저는 이율 높은 것은 리스크가 너무 커서, 아무래도 원금 보장되는게 가장 좋다고 생각해요.
B: 당신은 얼마를 사려고 해요? 얼마 기한의 것을 원하죠?
보세요, 여기에서 상품을 고를 수 있습니다. 이것은 정기예금이고 이것은 보통예금입니다.
저는 3개월짜리 이 상품을 추천합니다.
A: 좋아요 저는 오천원 사려고 합니다.
만기가 되었을 때 얼마를 받을 수 있죠?
B: 당신은 새 고객이라 0.5% 이자를 더 받으실 수 있어요.
만기가 되면 대략 이 금액입니다.

Word by Word

Day 12

- 은행 업무와 관련한 단어
- 각종 공과금
- 환전 시 알아두어야 할 단어

◆ 은행 업무와 관련한 단어 ◆

开户	kāihù	계좌를 열다.	存折	cúnzhé	통장
申请表	shēnqǐngbiǎo	신청표	客户	kèhù	고객
活期付款	huóqīfùkuǎn	자유적금	借记卡	jièjìkǎ	현금카드
定期付款	dìngqīfùkuǎn	정기적금	信用卡	xìnyòngkǎ	신용카드
利息	lìxī	이자	转账	zhuǎnzhàng	돈을 부치다.
汇率	huìlǜ	환율	储蓄业务	chǔxùyèwù	저축업무
现金	xiànjīn	현금	查询余额	cháxúnyú'é	잔액확인하다.
零钱	língqián	잔돈	取款	qǔkuǎn	출금하다.
硬币	yìngbì	동전	存款	cúnkuǎn	입금하다.
投入	tóurù	투입하다.	贷款	dàikuǎn	대출하다.
插入	chārù	끼워 넣다.	扣钱	kòuqián	돈을 공제하다.
证件类型	zhèngjiànlèixíng	신분증유형	挂失	guàshī	분실신고하다.
证件号码	zhèngjiànhàomǎ	신분증번호	理财	lǐcái	재테크하다.
网银	wǎngyín	인터넷뱅킹	风险高/低	fēngxiǎn gāo/dī	리스크가 높다/낮다.
注册	zhùcè	등록하다.	保本	bǎoběn	원금보장
登录	dēnglù	로그인하다.	扫码	sǎomǎ	코드를 스캔하다.
点击	diǎnjī	클릭하다.	二维码	èrwéimǎ	QR코드

◆ 각종 공과금 ◆

生活缴费	shēnghuójiǎofèi	생활공과비		物业费	wùyèfèi	관리비
电话费	diànhuàfèi	전화비		停车费	tíngchēfèi	주차비
宽带费	kuāndàifèi	인터넷비		学费	xuéfèi	학비
电费	diànfèi	전기비		房租	fángzū	방세
固话费	gùhuàfèi	전화비		缴纳	jiǎonà	납부하다.
燃(=煤)气费	rán(méi)qìfèi	가스비		交 (=付)	jiāo(=fù)	제출하다. / 내다.
(自来)水费	(zìlái)shuǐfèi	수도세		附加费	fùjiāfèi	부가비 (연체료)
热水费	rèshuǐfèi	온수비		欠费	qiànfèi	연체 비용
包月	bāoyuè	한 달 단위로 계약하다.		充卡	chōngkǎ	카드 충전

◆ 환전 시 알아두어야 할 단어 ◆

证件	zhèngjiàn	신분증		外币	wàibì	외국화폐
护照	hùzhào	여권		人民币	Rénmínbì	인민폐
签证	qiānzhèng	비자		韩币	Hánbì	한화
签名	qiānmíng	서명하다.		美元	Měiyuán	달러
输入密码	shūrùmìmǎ	비밀번호를 입력하다.		欧元	Ōuyuán	유로
重新输入	chóngxīnshūrù	다시 입력하다.		日元	Rìyuán	엔화
填写	tiánxiě	기입하다.		港币	Gǎngbì	홍콩달러

第十三课 自我介绍
자기소개하기

Survival Mission

Day 13 서바이벌 중국어 주요 미션

중국인을 만나게 되었을 때 어떤 이야기들로 교제를 시작할 수 있을까요? 제 13과에서는 중국인과 교제할 때, 내가 먼저 할 수 있는 질문들을 외워 봅시다. 질문하는 중국어로 중국사람과 대화를 이끌어가도록 해요.

주요 미션 수행 - 총 1시간

Step 1. 새로 나온 단어 훑어보기 (10분)
▼
Step 2. 패턴 따라하기 (10분)
▼
Step 3. MP3 들으며 20문장 통으로 외우기 (30분)
▼
Step 4. 연습문제로 확인 (10분)

미션 보충 공부

서바이벌 실전회화 ABC : 실제 상황 속 회화 읽어보기

Word by Word : 인물들의 차림새나 생김새를 묘사하는 단어들을 살펴보자

13 第十三课 自我介绍 자기소개하기

Step 1 새로 나온 단어 맛보기

	한자	병음	뜻	예문
1	改天	gǎitiān	후일, 다른 날	改天再见! Gǎitiān zàijiàn. 나중에 다시 보자.
2	看起来	kànqǐlái	보아하니	看起来,你很累! Kànqǐlái, nǐ hěn lè! 보아하니, 너는 매우 피곤해 보인다.
3	打扮	dǎban	화장하다 치장하다	打扮得很漂亮。 Dǎbande hěn piàoliang. 매우 예쁘게 화장을 했다
4	皮肤	pífū	피부	你的皮肤真好。 Nǐde pífū zhēnhǎo. 너의 피부는 정말 좋다.
5	帅	shuài	잘생기다.	帅哥! Shuàigē! 잘생긴 오빠!
6	英俊	yīngjùn	재능이 출중하다.	她的男朋友很英俊。 Tāde nánpéngyou hěnyīngjùn. 그의 남자친구는 매우 출중하다.
7	年轻	niánqīng	젊다.	长得很年轻。 Zhǎngde hěn niánqīng. 매우 젊게 생겼다.
8	幽默	yōumò	유머러스하다.	他是很幽默的。 Tā shì hěn yōumòde. 그는 매우 유머러스 하다.
9	亲切	qīnqiè	친절하다.	他对我很亲切。 Tā duìwǒ hěn qīnqiè. 그는 나에게 매우 친절하다.
10	乖	guāi	착하다. 말을 잘듣다	那个孩子乖不乖? Nàge háizi guāibuguāi? 그 아이는 착해요?

	한자	병음	뜻	예문
11	听话	tīnghuà	말을 잘 듣다.	我孩子很听话。 Wǒ háizi hěn tīnghuà. 저희 아이는 매우 말을 잘 들어요.
12	韩剧	hánjù	한국드라마	我每天看韩剧。 Wǒ měitiān kàn hánjù. 저는 매일 한국 드라마를 봅니다.
13	明星	míngxīng	스타	你喜欢哪个明星? Nǐ xǐhuan nǎge míngxīng? 당신은 어느 연예인을 좋아해요?
14	化妆品	huàzhuāngpǐn	화장품	韩国的化妆品又便宜又好。 Hánguóde huàzhuāngpǐn yòu piányi yòu hǎo. 한국의 화장품은 싸고 좋다.
15	护肤品	hùfūpǐn	기초화장품	你用什么护肤品? Nǐ yòng shénme hùfūpǐn? 당신은 어떤 기초화장품을 쓰세요?
16	牌子	páizi	브랜드	我喜欢韩国的牌子。 Wǒ xǐhuān Hánguóde páizi. 저는 한국브랜드를 좋아합니다.
17	泡菜	pàocài	김치	这是我亲自做的泡菜。 Zhè shì wǒ qīnzì zuòde pàocài. 이것은 내가 직접 만든 김치입니다.
18	紫菜包饭	zǐcàibāofàn	김밥	教你们怎么做紫菜包饭。 Jiāo nǐmen zěnme zuò zǐcàibāofàn. 여러분에게 김밥을 어떻게 만드는지 가르쳐 드릴게요.
19	参鸡汤	shēnjītāng	삼계탕	你做过参鸡汤吗? Nǐ zuòguo shēnjītāng ma? 당신은 삼계탕을 만든 적이 있습니까?
20	拿手菜	náshǒucài	잘하는 요리	你的拿手菜是什么? Nǐde náshǒucài shì shénme? 당신의 대표요리는 무엇입니까?

Step 2 패턴 그대로 따라하기

◆ 일상교제에서 나오는 기본적인 질문패턴

질문하기	대답하기
你贵姓? Nǐ guì xìng? 성이 뭐예요?	我姓李.木 子 李。 Wǒ xìng lǐ, mù zǐ lǐ. 저는 이씨 예요 나무 목 아들 자 이씨요.
你叫什么名字? Nǐ jiào shénme míngzi? 당신 이름은 무엇인가요?	我叫美先. 美丽的美,先生的先。 Wǒ jiào měixiān, měilìde měi xiānshengde xiān. 저는 미선 이예요 아름다울 미, 선생 할 때 선이요.
你是从哪儿来的? Nǐ shì cóng nǎr lái de? 당신은 어디서 왔어요?	我是从韩国来的。 Wǒ shì cóng Hánguó láide. 저는 한국에서 왔어요.
你有几个孩子? Nǐ yǒu jǐge háizi? 당신은 아이가 몇 명 있어요?	我只有一个孩子。 Wǒ zhǐ yǒu yíge háizi. 저는 단지 아들 하나만 있어요.
是男孩儿还是女孩儿? Shì nánháir háishi nǚháir? 남자애예요 여자애예요?	是一个男孩儿。 Shì yíge nánháir. 남자아이 입니다.
他(们)(是)几岁?几年级? Tā(men)(shì) jǐsuì? Jǐ niánjí? 몇살,몇학년이예요?	他9岁,小学三年级。 Tā jiǔ suì, xiǎoxué sānniánjí. 그는 9살이고 초등학교 3학년입니다.
你住(在)哪儿? Nǐ zhù(zài) nǎr? 당신은 어디 살아요?	我住在古北。 Wǒ zhùzài Gǔběi. 저는 구베이에 살아요
你为什么来上海? Nǐ wèishénme lái Shànghǎi? 어떻게 상해에 오셨나요?	我丈夫被派到上海来工作。 Wǒzhàngfu bèipàidào Shànghǎi lái gōngzuò. 저희 남편은 상해에 파견되어 와서 일합니다.
来上海多长时间了/多久了? Lái Shànghǎi duōchángshíjiānle/ duōjiǔle? 상해에 온지 얼마되었나요?	来上海一年了。 Lái Shànghǎi yìnián le. 상해온 지 일 년 되었습니다.
你工作吗? Nǐ gōngzuòma? 당신은 일합니까?	我不工作。家庭主妇。 Wǒ bù gōngzuò. Jiātíngzhǔfù. 저는 일 안해요. 가정주부에요.
你喜不喜欢上海? Nǐ xǐbùxǐhuān shànghǎi? 당신은 상해가 좋아요?	我很喜欢。 Wǒ hěn xǐhuān. 上海物价很高,但是在这儿生活很方便。 Shànghǎiwùjià hěngāo, dànshì zàizhèr shēnghuó hěn fāngbiàn. 저는 매우 좋아해요. 상해 물가가 무척 비싸지만 여기에서 생활하는 게 매우 편리합니다.
白天你常常做什么? Báitiān nǐ chángcháng zuò shénme? 낮에 주로 뭐하세요?	运动,学习汉语 ,跟朋友吃饭聊天儿。 Yùndòng, xuéxí Hànyǔ, gēnpéngyou chīfàn liáotiānr. 운동, 중국어공부, 친구와 밥먹고 이야기해요.

◆ 질문에 대한 대답 패턴

☞ 저는 성씨가 ~ 입니다	我姓 ~ Wǒ xìng ~
☞ 저는 (이름을) ~ 라고 불러요 만나뵙게 돼서 기쁘네요.	我叫 ~ Wǒ jiào ~ 见到您, 很高兴 Jiàndàonín, hěngāoxìng
☞ 저는 (어느 나라) 사람입니다 저는 ~ 에서 왔어요	我是 ~人。 Wǒshì ~ rén. 我是从 ~来的。 Wǒ shì cóng ~ láide.
☞ 저는 ~ 에 살아요.	我住在 ~ Wǒ zhùzài ~
☞ 저는 여기서 일합니다. / 일하지 않습니다. 여기서 사업합니다.	我在这儿工作。 / 不工作。 Wǒ zài zhèr gōngzuò. / bùgōngzuò. 在这儿做生意。 Zài zhèr zuò shēngyì.
☞ 큰 애는 ~ 살(학년)이고, 작은 애는 ~ 살(학년)입니다. 초등학교 1학년 ~ 6학년, 중학교 1,2,3학년 고등학교 1,2,3학년	大的(是)~ 岁(年级), 小的(是)~ 岁(年级) Dàde (shì) ~ suì (niánjí), Xiǎode (shì) ~ suì (niánjí) = 老大[lǎodà]是~, 老二[lǎo'èr]是~ 小学一年级 ~ 六年级[xiǎoxuéyìniánjí ~ liùniánjí] 初一[chūyī]、初二[chū'èr]、初三[chūsān] 高一[gāoyī]、高二[gāo'èr]、高三[gāosān]
☞ 성격이 진중해요.(사려깊다) 쾌활합니다. / 유머러스해요. / 수줍어하다. / 내향적 이예요. / 외향적입니다.	性格很稳重. Xìnggé hěn wěnzhòng. 开朗 / 幽默 / 害羞 / 内向 / 外向 kāilǎng/ yōumò/ hàixiū/ nèixiàng/ wàixiàng
☞ 상해 좋아해요. / 좋아하지 않아요. 날씨 / 공기 / 교통 / 물가 / 음식 / 의사소통	很喜欢上海 / 不太喜欢 hěnxǐhuān Shànghǎi/bútàixǐhuān 天气/ 空气/ 交通/ 物价/ 饮食/ 沟通 tiānqì/ kōngqì/ jiāotōng/ wùjià/ yǐnshí/ gōutōng

Step 3 서바이벌 문장 330

🔊 **MP3** 001

☆ 처음 만나서 하는 말 과 헤어질 때 하는 말

245 见到你很高兴。
Jiàndào nǐ hěn gāoxìng.

246 认识你很高兴。
Rènshi nǐ hěn gāoxìng.

247 请多多关照。
Qǐng duōduō guānzhào.

248 改天再见吧！
Gǎitiān zàijiàn ba!

249 改天一起吃饭吧！
Gǎitiān yìqǐ chīfànba!

해석

245. 당신을 만나게 돼서 기쁩니다.
246. 당신을 알게 돼서 기쁩니다.
247. 잘 부탁 드립니다.
248. 언제 다시 봐요.
249. 언제 함께 식사해요!

DAY 13 Mission

☆ 상대방을 칭찬 할 때 하는 말

250 你长得很年轻。
Nǐ zhǎng de hěn niánqīng.

251 你看起来才三十多岁。
Nǐ kànqǐlái cái sānshíduōsuì.

252 今天你打扮得很漂亮。
Jīntiān nǐ dǎbande hěn piàoliang.

253 你的皮肤真好！(白)
Nǐ de pífū zhēnhǎo! (bái)

254 你的孩子真乖！(聪明 / 帅 / 英俊 / 可爱)
Nǐ de háizi zhēn guāi! (cōngming / shuài / yīngjùn / kě'ài)

해석

250. 당신은 정말 젊어 보여요!
251. 당신은 30대 정도로 밖에 안보여요.
252. 오늘 예쁘게 꾸몄네요. (화장했네요.)
253. 당신의 피부는 정말 좋아요. (하얘요)
254. 당신 아이는 정말 말을 잘 듣네요. (똑똑해요 / 잘생겼어요 / 스마트해요 / 귀여워요)

step 3 서바이벌 문장 330

🔊 MP3 002

☆ 중국엄마들이 한국인에게 가장 관심있어하는 분야

(一) 韩剧 / 明星 [hánjù / míngxīng]

255 你喜欢看韩剧?
Nǐ xǐhuān kàn hánjù ma?

256 你看过什么韩剧?
Nǐ kànguo shénme hánjù?

257 你喜欢哪个韩国明星 / 歌手?
Nǐ xǐhuān nǎge hánguómíngxīng / gēshǒu?

(二) 化妆品 / 护肤品 [huàzhuāngpǐn/hùfūpǐn]

258 你用什么牌子的化妆品 / 护肤品?
Nǐ yòng shénme páizide huàzhuāngpǐn / hùfūpǐn?

259 哪个牌子的化妆品比较好?
Nǎge páizi de huàzhuāngpǐn bǐjiào hǎo?

해석

1) 한국드라마, 연예인

255. 당신은 한국드라마를 좋아합니까?
256. 당신은 어떤 한국드라마를 봤나요?
257. 당신은 어느 한국스타 / 가수를 좋아합니까?

2) 화장품 / 기초 화장품

258. 당신은 어떤 브랜드의 화장품 / 기초화장품을 쓰시나요?
259. 어떤 브랜드의 화장품이 비교적 괜찮아요?

(三) 韩国菜 [hánguócài]

260 你喜欢吃韩国菜吗?
Nǐ xǐhuān chī hánguócài ma?

261 你最喜欢哪个韩国菜?
Nǐ zuì xǐhuān nǎge hánguócài?

262 你会做韩国菜吗? 泡菜 / 紫菜包饭 / 参鸡汤
Nǐ huì zuò hánguócài ma? pàocài/ zǐcàibāofàn / shēnjītāng

263 你会做什么韩国菜?
Nǐ huì zuò shénme hánguócài?

264 你的拿手菜是什么?
Nǐde náshǒucài shì shénme?

해석

3) 한국요리

260. 당신은 한국음식을 좋아합니까?
261. 당신은 어떤 한국음식을 가장 좋아합니까?
262. 당신은 한국요리를 할 줄 압니까? 김치/ 김밥 / 삼계탕
263. 당신은 어떤 한국음식을 만들 수 있나요?
264. 당신의 대표음식은 무엇입니까?

Step 4 미션 체크 연습문제

1. 다음 단어의 한어병음을 넣어 보세요. 중요 단어 쓰기

1) 후일 _____

2) (남자) 잘생기다. _____

3) 한국드라마 _____

4) 유머러스하다. _____

5) (먹는)김 _____

2. 다음 빈 칸을 채우세요. 중요 패턴 확인

1) 중국에 온 지 얼마나 되었습니까? _____

　① 중국에 온지 이미 3년이 되었습니다. _____

　② 결혼한 지 얼마나 되었습니까? (结婚 jiéhūn 결혼하다) _____

　③ 결혼한 지 이미 10년이 되었습니다. _____

2) 당신은 중국 음식을 할 줄 알아요? _____

　① 저는 중국음식을 할 줄 알아요. _____

　② 할 줄 몰라요. _____

　③ 조금 할 줄 알아요. _____

3. 아래 단어를 참고하여 다음 단어 괄호 안에 병음을 넣으세요. 중요 단어 풀이

改 (_____)   帅 (_____)   牌 (_____)   歌 (_____)   才 (_____)
고치다   잘생기다   간판, 상표   노래   겨우, 고작 / 재능
修改 고치다   帅哥 잘생긴 오빠 名牌 명품   唱歌 노래를 하다 天才 천재

4. 아래 빈 칸을 채우세요. 중요 문장 쓰기

1) 보아하니, 겨우 삼십여 세 인 듯합니다.

   你看起来, _____ 30 _____ 岁。

2) 오늘 매우 이쁘게 차려입었다.

   你_____得很漂亮。

3) 당신 매우 젊게 생겼어요.

   你_____很年轻 。

4) 당신 어떤 연예인을 좋아해요?

   你喜欢哪个_____。

5) 다음에 언제 다시 봐요.

   _____再见吧!

6) 어느 상표 화장품이 비교적 좋죠?

   哪个牌子的化妆品_____好?

서바이벌 실전 회화

第十三课 自我介绍

자기소개하기

🔊 MP3 003

- 派　pài 파견하다.
- 国际　guójì 국제
- 跟着　gēnzhe ~를 따라서
- 初一　chūyī 중학교 1학년
- 听话　tīnghuà 말을 잘듣다.
- 虽然~但是　suīrán~dànshì 비록~이지만 그러나…
- 或者　huòzhě 혹은

A 大家好！见到你们很高兴。
Dàjiā hǎo! Jiàndào nǐmen hěn gāoxìng.

我姓李，名字叫美先。
Wǒ xìng lǐ, míngzi jiào měixiān.

我是从韩国来的。
Wǒ shì cóng Hánguó láide.

我是去年7月份来上海的，已经一年多了。
Wǒ shì qùnián qīyuèfèn lái Shànghǎide, yǐjīng yìnián duōle.

我丈夫的公司派他来上海工作，所以我和孩子跟着他一起来的。
Wǒ zhàngfude gōngsī pài tā lái Shànghǎi gōngzuò, suǒyǐ wǒ hé házi gēnzhe tā yìqǐ láide.

我有两个孩子，大的是女儿，小的是男孩儿。
Wǒ yǒu liǎngge háizi, dàde shì nǚ'ér, xiǎode shì nánháir.

他们俩都在国际学校上学。
Tāmen liǎ dōu zài guójì xuéxiào shàngxué.

女儿上初一，儿子上小学三年级。
Nǚ'ér shàng chūyī, érzi shàng xiǎoxué sānniánjí.

他们都是很听话的，学得还不错。
Tāmen dōushì hěntīnghuàde, xuéde háibúcuò.

我喜欢上海。
Wǒ xǐhuān Shànghǎi.

虽然上海的空气有点儿不好，但是生活很方便。
Suīrán Shànghǎide kōngqì yǒudiǎnr bùhǎo, dànshì shēnghuó hěn fāngbiàn.

我现在不工作，所以上午学习汉语，
Wǒ xiànzài bùgōngzuò, suǒyǐ shàngwǔ xuéxí Hànyǔ,

下午常常去运动，或者跟朋友一起吃饭聊天儿。
Xiàwǔ chángcháng qù yùndòng, huòzhě gēn péngyou yìqǐ chīfànliáotiānr.

해석

안녕하세요. 만나서 반갑습니다.
저는 이씨고 이름은 미선입니다.
저는 한국에서 왔어요.
저는 작년 7월에 왔습니다. 이미 일년이 넘었습니다.
저희 남편 회사가 남편을 상해로 파견해서, 저와 아이가 그를 따라 함께 왔습니다.
저는 아이가 둘 있습니다. 큰 애는 여자애고 작은 애는 남자애 입니다.
그들 둘은 모두 국제 학교에서 공부하고 있습니다.
딸은 중학교 일학년에 다니고, 아들은 초등학교 3학년이에요.
그들 모두 말을 잘 듣는 애들 입니다. 공부도 그런대로 괜찮아요.
저는 상해가 좋아요.
비록 상해의 공기는 그다지 좋지 않지만 생활은 매우 편리합니다.
저는 지금 일하지 않아요. 그래서 오전에는 중국어를 공부하고
오후에는 자주 운동하거나 혹은 친구와 밥 먹고 이야기를 나눕니다.

Word by Word Day 13

- 의복과 신발 관련 단어
- 戴 [dài] "쓰다, 차다, 끼다" 에 호응하는 단어
- 여러가지 색깔
- 그림의 인물보고 묘사하기

◆ 의복과 신발 관련 단어 ◆

>> 내 아이는 저~를 입고 / 신고있는 아이에요. 我孩子是那个穿着~ 的！ Wǒ háizi shì nàge chuānzhe ~ de !

上衣	shàngyī	상의	牛仔裤	niúzǎikù	청바지
长袖	chángxiù	긴팔	短袖	duǎnxiù	짧은 팔
长裤	chángkù	긴바지	短裤	duǎnkù	반바지
裙子	qúnzi	치마	T-恤	T-xù	T셔츠
衬衫	chènshān	와이셔츠	外套	wàitào	외투
风衣	fēngyī	바바리	夹克	jiākè	자켓
毛衣	máoyī	스웨터	羽绒服	yǔróngfú	패딩
校服	xiàofú	교복	运动服	yùndòngfú	운동복
运动鞋	yùndòngxié	운동화	凉鞋	liángxié	샌들
拖鞋	tuōxié	슬리퍼	皮鞋	píxié	구두
高跟鞋	gāogēnxié	하이힐	长靴	chángxuē	장화

◆ 戴 [dài] "쓰다, 차다, 끼다" 에 호응하는 단어 ◆

>> 내 친구는 저~를 쓰고 / 차고 / 끼고 있는 사람이에요. 我朋友是那个戴着~的！ Wǒ péngyou shì nàge dàizhe ~de !

眼镜	yǎnjìng	안경	帽子	màozi	모자
口罩	kǒuzhào	마스크	手链	shǒuliàn	팔찌
项链	xiàngliàn	목걸이	戒指	jièzhǐ	반지
耳环	ěrhuán	귀걸이	手套	shǒutào	장갑

◈ 여러가지 색깔 ◈

颜色 yánsè 색깔
深~ shēn~ 色 진한~색 ↔ 浅~ qiǎn~ 色 흐린~색

白色 báisè 흰색

棕色 zōngsè 갈색

黑色 hēisè 검정

粉红色 fěnhóngsè 분홍

绿色 lǜsè 녹색

浅蓝色 qiǎnlánsè 스카이블루

红色 hóngsè 빨강

橙色 chéngsè 주황

黄色 huángsè 노랑

灰色 huīsè 회색

蓝色 lánsè 파랑

金色 jīnsè 금색

紫色 zǐsè 보라

银色 yínsè 은색

◆ 다음 그림을 보고 인물 묘사해봅시다.

1

看着书的。	책을 보고 있는 사람
拿着书的。	책을 들고 있는 사람
戴着眼镜的。	안경을 쓰고 있는 사람
短头发的。	머리가 짧은 사람

* 戴 dài : (안경이나 모자 등을) 쓰다.

2

摸着脸的。	얼굴을 만지고 있는 사람
拿着玻璃杯的。	유리잔을 들고 있는 사람
脸红红的。	얼굴이 붉은 사람
鼻子高高的。	코가 높은 사람
笑着的。	웃고 있는 사람

* 摸 mō : (손으로) 어루만지다.
* 玻璃杯 bōlibēi : 유리잔
* 笑 xiào : 웃다.

3

挺帅的。	매우 잘 생긴 사람
鼻子高高的。	코가 높은 사람
眼睛大大的。	눈이 매우 큰 사람
很受欢迎的。	매우 인기가 많은 사람

* 挺 tǐng : 매우~
* 受欢迎 shòuhuānyíng : 인기가 많다.

4

(左) 个子高高的。 키가 큰 사람
脸长长的。 얼굴이 긴 사람
瘦瘦的。 마른 사람
(右) 个子矮矮的。 키가 작은 사람
脸宽宽的。 얼굴이 넓은 사람
胖胖的。 뚱뚱한 사람

* 瘦 shòu : 마르다.
* 矮 ǎi : (키가) 작다.
* 宽 kuān : 넓다.

5

长头发的。 머리가 긴 사람
戴着墨镜的。 선글라스를 끼고 있는 사람
身材苗条的。 몸매가 날씬한 사람
穿着连衣裙的。 원피스를 입고 있는 사람
穿着拖鞋的。 슬리퍼를 신고 있는 사람

* 墨镜 mòjìng : 썬그라스
* 身材 shēncái : 몸매
* 苗条 miáotiao : 날씬하다.

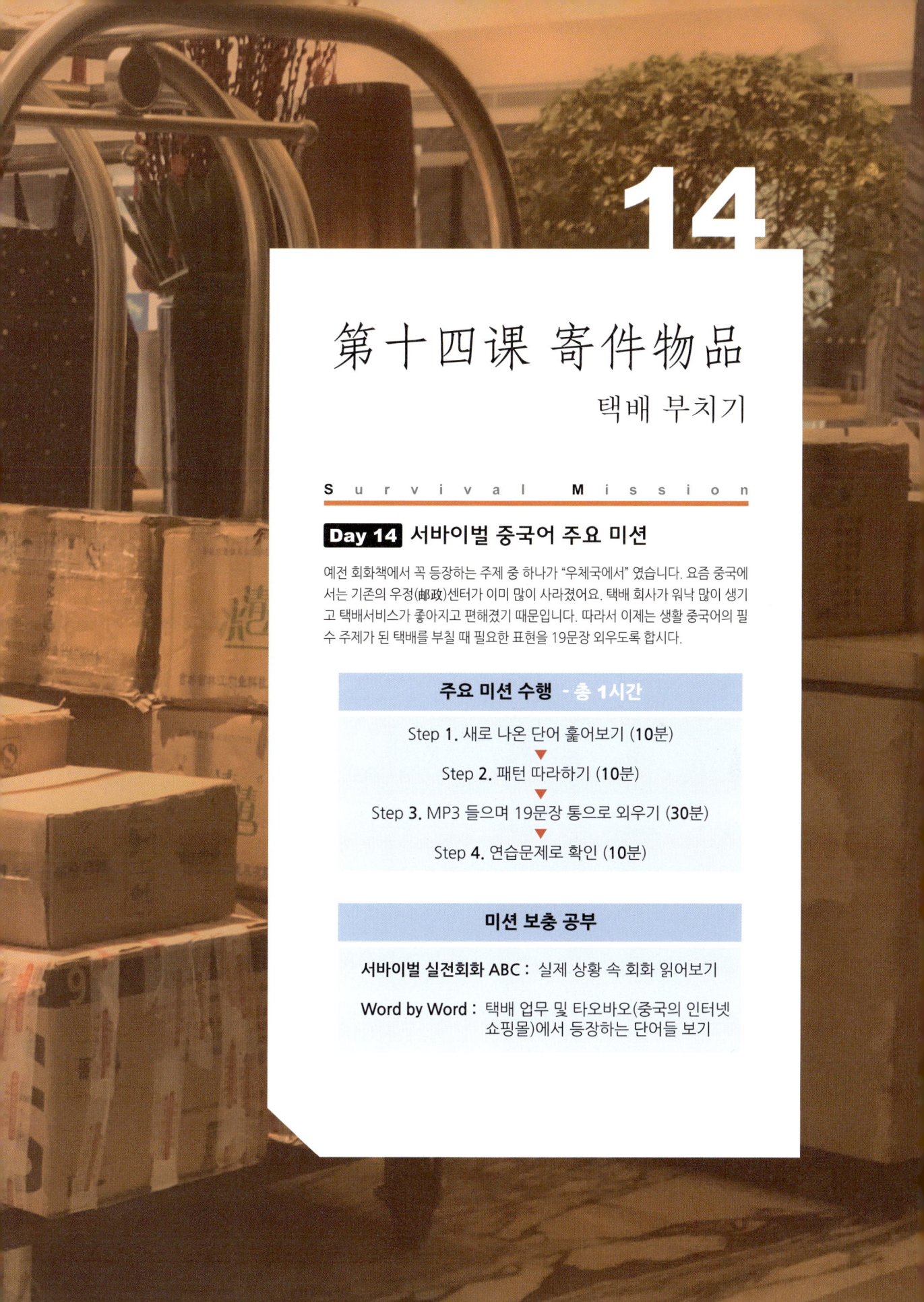

第十四课 寄件物品

택배 부치기

Survival Mission

Day 14 서바이벌 중국어 주요 미션

예전 회화책에서 꼭 등장하는 주제 중 하나가 "우체국에서"였습니다. 요즘 중국에서는 기존의 우정(邮政)센터가 이미 많이 사라졌어요. 택배 회사가 워낙 많이 생기고 택배서비스가 좋아지고 편해졌기 때문입니다. 따라서 이제는 생활 중국어의 필수 주제가 된 택배를 부칠 때 필요한 표현을 19문장 외우도록 합시다.

주요 미션 수행 - 총 1시간

Step 1. 새로 나온 단어 훑어보기 (10분)
▼
Step 2. 패턴 따라하기 (10분)
▼
Step 3. MP3 들으며 19문장 통으로 외우기 (30분)
▼
Step 4. 연습문제로 확인 (10분)

미션 보충 공부

서바이벌 실전회화 ABC : 실제 상황 속 회화 읽어보기

Word by Word : 택배 업무 및 타오바오(중국의 인터넷 쇼핑몰)에서 등장하는 단어들 보기

14 第十四课 寄件物品 택배 부치기

Step 1 새로 나온 단어 맛보기

	한자	발음	뜻	예문
1	寄	jì	부치다.	寄到韩国 / 寄给朋友 jìdào Hánguó / jìgěi péngyǒu 한국에 부치다 / 친구에게 부치다
2	包裹	bāoguǒ	소포	寄包裹 Jì bāoguǒ 택배를 부치다
3	特快	tèkuài	특급	寄特快,大概要多少钱? Jì tèkuài, dàgài yào duōshǎoqián? 특급으로 부치면, 대략 얼마입니까?
4	运单	yùndān	운송장	拿好运单。 Náhǎo yùndān. 송장을 잘 들고 있으세요.
5	在线	zàixiàn	온라인	在线支付 zàixiàn zhīfù 온라인으로 지불하다.
6	预约	yùyuē	예약하다, 예약	你有没有预约? Nǐ yǒuméiyǒu yùyuē? 당신은 예약을 했습니까?
7	托寄物	tuōjìwù	부치는 물건	托寄物名称 tuōjìwù míngchēng 부치는 물건 명칭
8	名称	míngchēng	명칭	这个叫什么名称? Zhègè jiào shénmemíngchēng? 이것은 어떤 명칭으로 부릅니까?
9	选择	xuǎnzé	선택하다.	在这里选择一个。 Zài zhèlǐ xuǎnzé yíge. 여기에서 한 개 선택하세요.

DAY 14 Mission

	한자	발음	뜻	예문
10	付款方式	fùkuǎnfāngshì	지불방식	选择付款方式。 Xuǎnzé fùkuǎnfāngshì. 지불방식을 선택하세요.
11	寄付现结	jìfùxiànjié	선불	寄付现结 jìfùxiànjié 선불
12	货到付款	huòdàofùkuǎn	착불	货到付款 huòdàofùkuǎn 후불
13	文件信封	wénjiànxìnfēng	서류봉투	文件信封 wénjiàn xìnfēng 서류봉투
14	地址	dìzhǐ	주소	告诉我地址。 Gàosù wǒ dìzhǐ. 저에게 주소를 알려주세요.
15	发短信	fā duǎnxìn	메시지를 보내다.	马上给我发短信。 Mǎshàng gěiwǒ fā duǎnxìn. 바로 저에게 메시지를 보내주세요.
16	贴	tiē	붙이다.	把邮票贴在信封上。 Bǎ yóupiào tiēzài xìnfēng shang. 우표를 봉투에 붙여주세요.
17	上门收件	shàngménshōujiàn	방문수거	几点能上门? Jǐdiǎn néng shàngmén? 몇 시에 방문할 수 있나요?
18	信箱	xìnxiāng	우체통, 우편함	我会放在你的信箱里。 Wǒ huì fàngzài nǐde xìnxiāngli. 제가 당신 우편함에 넣어둘게요.
19	签收	qiānshōu	서명하고 받다.	请你签收。 Qǐng nǐ qiānshōu. 서명하고 받으세요.

Step 2 패턴 그대로 따라하기

1. 到了就发给你短信   도착하면 바로 당신에게 메시지를 보낼 거예요.
Dàole jiù fāgěi nǐ duǎnxìn

여기서 了는 완료를 나타내는 동태조사로서 "그 행위를 마치고"라는 뜻을 가지며, 就 는 "~하면 바로" 라고 해석하면 된다.

- ☐ 下了课就走了。   Xiàle kè jiù zǒule.   수업이 끝나면 갑시다.
- ☐ 吃了饭就得去上课。   Chīle fàn jiù děiqù shàngkè.   밥 먹고 수업하러 가야 합니다.
- ☐ 做好了作业就可以休息。   Zuòhǎole zuòyè jiù kěyǐ xiūxi.   숙제를 다하고 휴식할 수 있습니다.

练习题 졸업하면 바로 일을 찾을 것이다. _____

2. 要把这个寄到北京   이것을 북경에 부치려고 합니다.
Yàobǎzhège jìdào Běijīng

把 A 동사到 장소 : A를 "장소" 까지 ~ 하다. (부록1- 기본어법 unit 13 "把"자문 참고)

- ☐ 把那张桌子搬到楼上去吧。   Bǎ nàzhāng zhuōzi bāndào lóushangqùba.
  그 책상을 윗 층으로 옮기세요.
- ☐ 把它拿到厨房里。   Bǎtā nádào chúfánglǐ.
  그것을 주방까지 가져다 놓으세요.
- ☐ 把我孩子送到学校,好吗?   Bǎ wǒháizi sòngdào xuéxiào, hǎoma?
  우리 아이를 학교까지 데려다 줄 수 있나요?

练习题 저는 이 선물을 그녀 집까지 보내려구요. _____

DAY 14 Mission

3. 如果 ~ (的话), 就… 만일 ~ 라면, 그럼…
Rúguǒ ~ (de huà), jiù ...

"만약 ~ 라면"이라는 가정문을 만드는 패턴은 如果 ~ 的话, 就... 로서 이 중에서 하나만 있어도 가정문을 만들 수 있다.

☐ 如果你回家,就打电话。   Rúguǒ nǐ huíjiā, jiù dǎdiànhuà.   만일 집에 가면 전화하세요.
☐ 你身体不舒服的话,下班吧。 Nǐ shēntǐ bùshūfu de huà, xiàbānba! 당신 몸이 편치않으면 퇴근하세요.

练习题 만약에 그가 돌아오지 않으면, 어떻게 하죠? ⎯⎯⎯⎯⎯⎯⎯⎯⎯⎯⎯⎯⎯⎯⎯

4. 把填好的贴在箱子上 작성 완료한 것을 박스 위에 붙이세요.
Bǎ tiánhǎode tiēzài xiāngzishang

把 A 동사在 장소 : A를 "장소"에 있게 하다. (부록1- 기본어법 unit 13 "把"자문 참고)

☐ 把它放在包里。   Bǎtā fàngzài bāoli.   그것을 가방 안에 넣어두어라
☐ 把那件衣服挂在衣柜里。   Bǎ nàjiàn yīfu guàzài yīguìli. 그 옷을 옷장 안에 걸어두어라
☐ 把它存在一楼。   Bǎtā cúnzài yìlóu.   그것을 일층에 맡겨두어라

练习题 너의 이름을 칠판 위에 적어두세요. ⎯⎯⎯⎯⎯⎯⎯⎯⎯⎯⎯⎯⎯⎯⎯

Step 3 서바이벌 문장 330

🔊 MP3 001

265 我要寄这个包裹。
Wǒ yào jì zhège bāoguǒ.

266 如果寄特快, 到首尔多少钱?
Rúguǒ jì tèkuài, dào Shǒu'ěr duōshǎoqián?

267 寄到哪里?
Jìdào nǎli?

268 填一下运单。
Tiányíxià yùndān.

269 你在线预约了寄件吧! 我30分钟以后到。
Nǐ zàixiàn yùyuēle jìjiàn ba! Wǒ sānshífēnzhōng yǐhòu dào.

해석

265. 저는 이 소포를 부치려고 합니다.
266. 만일 급행으로 부치면 서울까지 얼마입니까?
267. 어디까지 부칩니까?
268. 송장을 작성하세요.
269. 당신이 온라인으로 택배서비스 예약했죠? 저는 30분 후에 도착합니다.

DAY 14 Mission

270 请填写托寄物名称。
Qǐng tiánxiě tuōjìwù míngchēng.

271 请你选择付款方式。(寄付现结，货到付款)
Qǐng nǐ xuǎnzé fùkuǎn fāngshì. (jìfùxiànjié, huòdàofùkuǎn)

272 我要纸箱。(文件信封)
Wǒ yào zhǐxiāng. (wénjiànxìnfēng)

273 称一下重量!
Chēngyíxià zhòngliàng!

274 你在那上面写一下地址。
Nǐ zài nàshàngmiàn xiěyíxià dìzhǐ.

해석

270. 부칠 물건의 명칭을 써넣어 주세요.
271. 요금 지불 방식을 선택해 주세요.(선불, 착불)
272. 저는 종이 상자를 원합니다. (서류봉투)
273. 무게를 재 봅시다.
274. 당신은 그 위에 주소를 써주세요.

275 里边是什么东西?
Lǐbiān shì shénme dōngxi?

276 到了就发给你短信。
Dàole jiù fāgěi nǐ duǎnxìn.

277 把填好的单子贴在箱子上面。
Bǎ tiánhǎodedānzi tiēzài xiāngzi shàngmiàn.

278 你们可以上门收件吗?
Nǐmen kěyǐ shàngmén shōujiànma?

279 有运单号, 可以查询。
Yǒu yùndānhào, kěyǐ cháxún.

해석

275. 안에 무슨 물건이 있죠?
276. 도착하면 바로 당신한테 메시지를 보낼 거에요.
277. 작성한 종이를 상자 위에 붙여 주세요.
278. 당신들이 집으로 와서 (소포) 물건을 가져갈 수 있나요?
279. 송장 번호가 있으면 조회할 수 있습니다.

280 带好你的运单。
Dài hǎo nǐde yùndān.

281 你的东西拿出来看一下。
Nǐdedōngxī náchūlái kànyíxià.

282 我不在家，把它放在信箱里。（物业）
Wǒ búzàijiā, bǎtā fàngzài xìnxiānglǐ. (wùyè)

283 快递到了，请你签收。
Kuàidì dàole, qǐngnǐ qiānshōu.

해석

280. 당신의 송장을 잘 갖고 계세요.
281. 당신 물건을 꺼내서 봅시다.
282. 제가 집에 없으면, 그것을 우편함에 넣어 두세요. (관리사무소)
283. 택배가 도착했습니다. 서명하고 받으세요.

Step 4 미션 체크 연습문제

1. 다음 단어의 한어병음을 넣어 보세오. 중요 단어 쓰기

　　1) (소포나 편지를) 부치다. _____

　　2) 메시지를 보내다. _____

　　3) 붙이다. _____

　　4) 조사하다. _____

　　5) 소포 _____

2. 다음 빈 칸을 채우세요. 중요 패턴 확인

　　1) 어디까지 부칩니까? _____

　　　① 어디에 붙일까요? _____

　　　② 너에게 문자메세지를 보낼게! _____

　　2) 도착하면 전화하세요! _____

　　　① 도착하면 문자를 보내세요. _____

　　　② 먹고 나서 출발합시다. _____

3. 아래 단어를 참고하여 다음 단어 괄호 안에 병음을 넣으세요. 중요 단어 풀이

寄 (　　　)　　收 (　　　)　　运 (　　　)　　托 (　　　)　　签 (　　　)
부치다　　　받다　　　　운송하다, 운반하다　위탁하다　　서명하다
寄件 물건부치다　收件 물건 받다　运送 운송하다　托寄 위탁하여 부치다　签名 서명하다

4. 아래 빈 칸을 채우세요. 중요 문장 쓰기

1) 만일 특급으로 부치면 서울까지 얼마입니까?

   如果寄特快,　　　　　　　　　　　　

2) 도착하면 바로 당신에게 메시지를 보낼 겁니다.

   到　　　　,　　　　　　发给你短信。

3) 당신 가방 안의 물건을 꺼내서 좀 봅시다.

   你包里的东西　　　　　　　　看一下 。

4) 당신은 그것을 우편함에 넣어줄 수 있습니까?

   你可不可以把它　　　　　　　　　　　?

5) 저는 이 편지를 한국까지 부치려고 합니다.

   我要　　　这封信　　　　　　韩国。

6) 당신의 송장을 잘 가지고 계세요.

   　　　　　　　　你的运单。

서바이벌 실전 회화

第十四课 寄东西
물건을 부치다

🔊 MP3 003

- 包裹 bāoguǒ 소포
- 上门 shàngmén 집에 방문하다.
- 收件 shōujiàn 물건을 받다.
- 收件人 shōujiànrén 물건을 받는 사람
- 地址 dìzhǐ 주소
- 快递 kuàidì 택배

我有一个东西得寄到北京。但是，我不知道怎么寄包裹。
Wǒ yǒu yíge dōngxi děi jìdào Běijīng. Dànshì, wǒ bùzhīdào zěnme jì bāoguǒ.

我问朋友怎么寄包裹。他告诉我"顺丰速运"的电话号码。
Wǒ wèn péngyou zěnme jì bāoguǒ. Tā gàosu wǒ "Shùnfēngsùyùn"de diànhuàhàomǎ.

听说，他们上门收件就很方便。
Tīngshuō, tāmen shàngmén shōujiàn jiù hěn fāngbiàn.

(敲门 qiāomén 문을 두드리다)

A 谁？
Shuí?

B 快递！
Kuàidì!

B 你填写包裹单。这里填写收件人的地址和手机号码。
Nǐ tiánxiě bāoguǒdān. Zhèlǐ tiánxiě shōujiànrén de dìzhǐ hé shǒujīhàomǎ.

B 这是什么东西?
Zhè shì shénme dōngxi?

A 书!寄到北京要多长时间?
Shū! Jìdào Běijīng yào duōchángshíjiān?

B 大概两天。我称一下重量。28块钱。
Dàgài liǎngtiān. Wǒ chēngyíxià zhòngliàng. èrshíbā kuàiqián.

B 请你带好单子。
Qǐng nǐ dàihǎo dānzi.

해석

나는 북경으로 부칠 물건이 하나 있다.
그러나 나는 어떻게 소포를 부쳐야 할 지 모른다.
나는 친구에게 어떻게 소포를 부쳐야 할 지 물어보았다.
그는 나에게 "순풍택배" 전화번호를 알려주었다.
들어보니, 그들은 집으로 와서 소포를 픽업한다고 하니 매우 편리 했다.
(문을 두드리다)

A: 누구세요?
B: 택배입니다.
B: 이 송장을 작성해 주세요.
　여기 받는 분의 주소와 전화번호를 기입해주세요.
B: 이것은 무슨 물건이죠?
A: 책이요! 북경까지 부치는데 얼마나 걸리죠?
B: 대략 이틀이요. 제가 무게 좀 재보겠습니다. 28원이요.
B: 택배영수증을 잘 갖고 계십시요.

Word by Word

Day 14

- 택배 업무와 관련한 단어
- 타오바오(인터넷 구매 사이트) 용어 정리

◆ **택배 업무와 관련한 단어** ◆

邮局	yóujú	우체국
寄	jì	부치다.
信	xìn	편지
信封	xìnfēng	편지봉투
包裹	bāoguǒ	소포
快递	kuàidì	택배
普通邮件	pǔtōngyóujiàn	보통우편
邮票	yóupiào	우표
信箱	xìnxiāng	우편함
寄件人	jìjiànrén	발신인
物品类型	wùpǐnlèixíng	물품유형
申报价值	shēnbàojiàzhí	(택배)물건 가격산정신고
选快递下单	xuǎnkuàidìxiàdān	택배주문선택
箱子	xiāngzi	상자
邮编	yóubiān	우편번호
地址	dìzhǐ	주소
重量	zhòngliàng	중량
称	chēng	(무게를)재다.
打传真	dǎchuánzhēn	팩스를 치다.
填写	tiánxiě	기입하다.
一封信	yìfēngxìn	편지 한통
贴	tiē	붙이다.
收件人	shōujiànrén	수신인
上门时间	shàngménshíjiān	방문시간
取件时间	qǔjiànshíjiān	택배수거시간
签收	qiānshōu	서명하고 받다.

◆ 타오바오(인터넷 구매 사이트) 용어 정리 ◆

中文	拼音	한국어	中文	拼音	한국어
分享	fēnxiǎng	공유하기	宝贝	bǎobèi	보물(타오바오 상에서는 상품을 지칭함)
点击	diǎnjī	클릭	首页	shǒuyè	첫 페이지
立即	lìjí	바로, 즉각	逛店	guàngdiàn	점포 구경
购买	gòumǎi	구매	足迹	zújì	발자취
购物车	gòuwùchē	장바구니	顶部	dǐngbù	맨 위로
客服	kèfú	고객센타	卖家	màijiā	판매자
包邮	bāoyóu	무료배송	已发货	yǐfāhuò	상품이미출고
运费	yùnfèi	배송비	待发货	dàifāhuò	상품출고대기
店铺	diànpū	점포	待收货	dàishōuhuò	배송대기
查看物流	chákànwùliú	배송정보찾기	待评价	dàipíngjià	평가요청중(평가대기)
延长收货	yánchángshōuhuò	배송연기	运输中	yùnshūzhōng	배송중
确认收货	quèrènshōuhuò	배송완료확인	申请退货	shēnqǐngtuìhuò	환불신청

15

第十五课 学校手续和定做
학교 수속과 주문 제작하기

Survival Mission

Day 15 서바이벌 중국어 주요 미션

중국에서 학교 및 학원을 등록할 때 필요한 말을 10문장 외워 봅시다. 그 밖에, 중국에서는 재료의 저렴함 때문에 옷이나 물건, 가구 등등을 맞춤 제작하는 경우가 많습니다. 이런 상황에서 필요한 8문장도 이 과에서 아울러 외워봅시다.

주요 미션 수행 - 총 1시간

Step 1. 새로 나온 단어 훑어보기 (10분)
▼
Step 2. 패턴 따라하기 (10분)
▼
Step 3. MP3 들으며 18문장 통으로 외우기 (30분)
▼
Step 4. 연습문제로 확인 (10분)

미션 보충 공부

서바이벌 실전회화 ABC : 실제 상황 속 회화 읽어보기

Word by Word : 맞춤 제작에 필요한 단어 옷을 고를 때 사용하는 단어 살펴보기

15 第十五课 学校手续和定做
학교 수속과 주문 제작하기

Step 1 새로 나온 단어 맛보기

	한자	발음	뜻	예문
1	登记	dēngjì	등록하다. 기입하다.	居留登记 jūliúdēngjì 체류등록
2	咨询	zīxún	물어보다. 알아보다.	我只是咨询一下。 Wǒ zhǐshì zīxúnyíxià. 저는 단지 알아보려구요.
3	成绩	chéngjì	성적	他的成绩还不错。 Tādechéngjì hái búcuò. 그의 성적은 그런대로 괜찮아요.
4	参观	cānguān	견학하다. 시찰하다.	可不可以参观学校? Kěbúkěyǐ cānguān xuéxiào? 학교 투어 가능합니까?
5	通过	tōngguò	통과하다.	通过考试录取 Tōngguò kǎoshì lùqǔ 시험을 통해 채용합니다.
6	提交	tíjiāo	제출하다.	提交申请材料。 Tíjiāo shēnqǐng cáiliào. 신청자료를 제출하다.
7	笔试	bǐshì	필기시험	笔试、面试、口试 bǐshì, miànshì, kǒushì 필기시험, 면접, 인터뷰
8	报名	bàomíng	등록하다. 신청하다.	我明天来报名。 Wǒ míngtiān lái bàomíng. 저는 내일 등록할게요.
9	恭喜	gōngxǐ	축하하다.	恭喜你结婚! Gōngxǐ nǐ jiéhūn! 당신의 결혼을 축하합니다.
10	录取	lùqǔ	채용하다. 합격시키다,	我被那家公司录取了。 Wǒ bèi nàjiā gōngsī lùqǔle. 저는 그 회사에 채용됐어요.

	한자	발음	뜻	예문
11	试听	shìtīng	청강하다.	我可以试听一次吗? Wǒ kěyǐ shìtīng yícì ma? 제가 한 번 청강해도 될까요?
12	商量	shāngliang	상의하다. 의논하다.	你跟他商量一下。 Nǐ gēntā shāngliangyíxià. 당신은 그와 상의 좀 해보세요.
13	次数	cìshù	횟수	剩下的次数有多少? Shèngxiàde cìshù yǒu duōshǎo? 남은 회수가 어떻게 됩니까?
14	来不及	láibují	미처 겨를이 없다	来不及上课。 Láibují shàngkè. 미처 수업갈 시간이 안됩니다.
15	样本(品)	yàngběn(pǐn)	샘플	给我看样本。 Gěiwǒ kàn yàngběn. 저에게 샘플을 보여주세요.
16	布料	bùliào	옷감	有没有别的布料? Yǒuméiyǒu biéde bùliào? 다른 옷감 있습니까?
17	挑	tiāo	고르다.	你给我挑好吧! Nǐ gěiwǒ tiāohǎo ba! 당신이 저에게 잘 골라주세요.
18	扣子	kòuzi	단추	扣子掉了。 Kòuzi diàole. 단추가 떨어졌어요.
19	拉链	lāliàn	지퍼	这个拉链好像坏了。 Zhège lāliàn hǎoxiàng huàile. 이 지퍼는 망가진 것 같아요.
20	缝	féng	깁다. 꿰매다.	伤口缝了三针。 Shāngkǒu fēngle sānzhēn. 상처에 3바늘을 꿰맸습니다.
21	细	xì	가늘다. 좁다. 세세하다.	缝得很细。 Féngde hěnxì. 매우 촘촘히 꿰맸습니다.
22	随便	suíbiàn	마음대로 하다. 제멋대로, 아무렇게나	你怎么这么随便? Nǐ zěnme zhème suíbiàn? 당신은 어쩌면 이렇게 마음대로에요?

Step 2 패턴 그대로 따라하기

1. 跟~ 商量商量 ~와 상의 좀 하다.
Gēn ~ shāngliangshāngliang

동사의 중첩 형태를 봅시다. (부록1- 기본어법 unit 11 동사 형용사 중첩 참고)

- ☐ 跟 ~ 谈一谈。 Gēn ~ tányitán. ~와 이야기를 나누다.
- ☐ 跟 ~ 聊聊天儿。 Gēn~ liáoliaotiānr. ~와 수다를 떨다.
- ☐ 跟 ~ 说明说明。 Gēn~ shuōmíngshuōmíng. ~ 설명을 하다.

练习题 그에게 하는 법을 설명 좀 해주세요. ─────────

2. 给我 V ~ 나에게 V 해주세요.
Gěiwǒ

- ☐ 给我看。 Gěiwǒ kàn. 나에게 보여주세요.
- ☐ 给我挑好。 Gěiwǒ tiāohǎo. 나에게 잘 골라주세요.
- ☐ 给我查一下。 Gěiwǒ cháyíxià. 나에게 찾아주세요.

练习题 나에게 당신의 여권을 좀 보여주세요. ─────────

3. 只有 ~   ~밖에 없다.
Zhǐyǒu ~

한국어로는 ~밖에 없다 라고 하지만 중국어로는 只没有(X) 라 하지 않는다.

- ☐ 只有一个。　　　　Zhǐyǒu yíge.　　　　하나 밖에 없다.
- ☐ 只有他。　　　　　Zhǐyǒu tā.　　　　　그밖에 없다.
- ☐ 只有100块。　　　Zhǐyǒu yìbǎikuài.　　100원 밖에 없다.

练习题 저도 하나 밖에 없어서 빌려줄 수가 없네요. _____

참고 借 [jiè] : 빌려주다.

4. 缝得很细   매우 촘촘하게 꿰맸다.
Féngde hěnxì

정도보어의 패턴은 이미 앞에서도 많이 연습해보았다. 부록을 참고하자. (부록1- 기본어법 unit 5 정도보어 참고)

- ☐ 缝得很随便。　　　Féngde hěnsuíbiàn.　　대충대충 꿰맸다.
- ☐ 打扫得很干净。　　Dǎsǎode hěngānjìng.　　매우 깨끗이 청소를 했다.
- ☐ 玩得很开心。　　　Wánde hěnkāixīn.　　매우 신나게 놀았다.

练习题 너무 아무렇게나 꿰맸다. _____

참고 随便 [suíbiàn] : 대충 대충하다. 성의없이 제멋대로하다.

Step 3 서바이벌 문장 330

🔊 **MP3** 001

办入学手续 [bàn rùxuéshǒuxù]

284 我想访问咨询一下。
Wǒ xiǎng fǎngwèn zīxúnyíxià.

285 我可以参观学校吗?
Wǒ kěyǐ cānguān xuéxiào ma?

286 提交报名材料。
Tíjiāo bàomíng cáiliào.
(学生登记表, 成绩单, 推荐信, 护照复印件)
(xuéshēng dēngjìbiǎo, chéngjìdān, tuījiànxìn, hùzhào fùyìnjiàn)

287 得通过笔试和面试。
Děi tōngguò bǐshì hé miànshì.

288 恭喜你收到录取通知。
Gōngxǐ nǐ shōudào lùqǔtōngzhī.

해석

학교 입학 수속 -

284. 저는 방문해서 문의하고 싶습니다.
285. 제가 학교 투어를 해도 될까요?
286. 등록 자료를 제출하세요. (학생 등록표, 성적표, 추천서, 여권복사본)
287. 필기시험과 인터뷰를 통과하셔야 합니다.
288. 합격통지 받은 것을 축하합니다.

在补习班报名 [zài bǔxíbān bàomíng]

289 我可以试听一次吗?
Wǒ kěyǐ shìtīng yícì ma?

290 我想跟老师商量商量。
Wǒ xiǎng gēnlǎoshī shāngliangshāngliang.

291 给我看一下教材。
Gěiwǒ kànyíxià jiàocái.

292 按次数交学费。
Àn cìshù jiāoxuéfèi.

293 我突然有事了,来不及上课了。
Wǒ tūrán yǒushìle, láibují shàngkè le.

해석

학원에 등록 –

289. 제가 한 번 청강해도 될까요?
290. 저는 선생님과 상의를 하고 싶습니다.
291. 저에게 교재 좀 보여주세요.
292. 횟수에 따라 학비를 지불합니다.
293. 제가 갑자기 일이 생겨, 수업 시간에 맞춰 갈 수 없게 되었습니다.

Step 3 서바이벌 문장 330

🔊 MP3 001

定做衣服 [dìngzuòyīfu]

294 有没有别的样本?(布料)
Yǒuméiyǒu biéde yàngběn? (bùliào)

295 你给我挑好一点儿的吧!
Nǐ gěiwǒ tiāohǎoyìdiǎnrde ba!

296 你以前做过这种款式吗?
Nǐ yǐqián zuòguo zhèzhǒng kuǎnshìma?

297 我要一样大的。(宽的, 长的, 颜色的)
Wǒ yào yíyàng dàde. (kuānde, chángde, yánsède)

해석

옷을 맞출 때 -

294. 다른 샘플 있어요 없어요? (옷감)
295. 당신이 제게 좀 더 좋은 것을 골라주세요.
296. 당신은 예전에 이런 디자인을 만들어 본 적이 있습니까?
297. 저는 같은 크기의 것을 원해요. (너비의 것, 길이의 것, 색깔의 것)

298 把它改到这里, 好吗?
Bǎtā gǎidào zhèli, hǎoma?

299 可以换扣子吗?(拉链)
Kěyǐ huàn kòuzima? (lāliàn)

300 缝得很细。(有点儿随便, 有点儿乱)
Féngde hěnxì. (yǒudiǎnr suíbiàn, yǒudiǎnr luàn)

301 我们只有这个样品,你可以定做。
Wǒmen zhǐyǒu zhège yàngpǐn,nǐ kěyǐ dìngzuò.

해석

298. 그것을 여기까지 고쳐주세요.
299. 단추를 바꿀 수 있습니까? (지퍼)
300. 촘촘하게 꿰매었네요. (좀 대충하다. 좀 엉망이네요)
301. 우리는 단지 이 샘플밖에 없습니다. 당신은 주문제작을 할 수 있습니다.

Step 4 미션 체크 연습문제

1. 다음 단어의 한어병음을 넣어 보세요. 중요 단어 쓰기

1) 견학하다. _____

2) 문의하다. _____

3) 상의하다. _____

4) 샘플 _____

5) 마음대로 하다. 제멋대로 하다. _____

2. 다음 빈 칸을 채우세요. 중요 패턴 확인

1) 저에게~해주세요. _____

　① 저에게 골라주세요. _____

　② 저에게 보여주세요. _____

2) 매우 대충대충 꿰매었다. _____

　① 매우 대충대충 닦았다. _____

　② 매우 맘대로 썼다. _____

DAY 15 Mission

3. 아래 단어를 참고하여 다음 단어 괄호 안에 병음을 넣으세요. 중요 단어 풀이

考 (_____)　　商 (_____)　　材 (_____)　　挑 (_____)　　扣 (_____)
시험을보다　　상의하다,상인　　재료　　고르다,선택하다　　공제하다,단추
考试 시험보다　　商店 상점　　身材 몸매　　挑食 편식하다　　折扣 할인

4. 아래 빈 칸을 채우세요. 중요 문장 쓰기

1) 이것은 주문 제작 할 수 있습니까?

　　这个可以_____吗?

2) 너무 아무렇게나 꿰맸습니다.

　　你_____得太随便了。

3) 합격통지 받게 된 것을 축하해요

　　恭喜你收到_____通知。

4) 회수로 수업료를 냅니다.

　　按_____交学费。

5) 제가 청강을 한 번 해도 되겠습니까?

　　我可以_____一次吗?

6) 갑자기 일이 생겨서, 수업시간에 갈 시간적 여유가 없게 되었습니다.

　　我突然_____,_____上课了。

서바이벌 실전 회화

第十五课 学院课程报名

학원수업 등록

🔊 **MP3** 003

• 咨询	zīxún 문의하다.
• 课程	kèchéng 과정
• 试听	shìtīng 청강하다.
• 商量	shāngliang 상의하다.

A 你好，我想咨询一下HSK课程。
Nǐhǎo, wǒ xiǎng zīxúnyíxià HSK kèchéng.

B 好的。你想什么时候开始上课呢？
Hǎode. Nǐ xiǎng shénmeshíhou kāishǐ shàngkè ne?

A 我想先试听一下，可以吗？
Wǒ xiǎng xiān shìtīngyíxià, kěyǐma?

B 可以，我们学院可以免费试听一次。
Kěyǐ, wǒmen xuéyuàn kěyǐ miǎnfèi shìtīng yícì.

B 你想听几级的课程？
Nǐ xiǎng tīng jǐjíde kèchéng?

A 我想先看一下教材，然后跟老师商量商量。
Wǒ xiǎng xiān kànyíxià jiàocái, ránhòu gēn lǎoshī shāngliangshāngliang.

B 没问题。
Méiwèntí.

A 学费是按月收还是按次数收?
Xuéfèi shì ànyuè shōu háishì àncìshù shōu.

B 按月收。
Ànyuè shōu.

A 好的, 我今天试听5级的课程吧。
Hǎode, wǒ jīntiān shìtīng wǔjíde kèchéng ba.

해석

A: 안녕하세요. 저는 HSK과정을 문의하려 합니다.
B: 네, 언제부터 수업이 가능하신가요?
A: 저는 먼저 청강해보고 싶은데, 가능해요?
B: 그럼요, 우리 학원은 한 번은 무료로 청강할 수 있습니다.
B: 당신은 몇 급 과정을 듣고 싶은데요?
A: 저는 먼저 교재를 좀 보고 나서 선생님하고 상의하려합니다.
B: 상관없어요.
A: 수강료는 한 달 씩 받나요 아니면 횟수로 받나요?
B: 한 달 씩 받습니다.
A: 알겠습니다. 저는 오늘 5급 과정을 들어볼게요.

Word by Word

Day 15

- 옷 수선과 관련하여 쓰이는 단어
- 옷 맞출 때, 옷을 고를 때 쓰이는 단어

◈ 옷 수선과 관련하여 쓰여지는 단어 ◈

修改	xiūgǎi	옷을 수선하다.	织补	zhībǔ	짜깁기하다.
缝	féng	깁다. 꿰메다.	加垫扎洞	jiādiàn zhādòng	덧대서 구멍깁기
领子	lǐngzi	옷깃	宽	kuān	넓다.
袖子	xiùzi	소매	紧	jǐn	꽉끼다.
拉链	lāliàn	지퍼	大	dà	크다.
扣子	kòuzi	단추	小	xiǎo	작다.
样本(品)	yàngběn (pǐn)	샘플	长	cháng	길다.
布料	bùliào	옷감	短	duǎn	짧다.
款式	kuǎnshì	스타일 (디자인)	里子	lǐzi	안감
大小	dàxiǎo	크기	留下原边	liúxià yuánbiānr	원래 단을 남기다.

◈ 옷 맞출 때, 옷을 고를 때 쓰여지는 단어 ◈

尺码	chǐmǎ	치수, 호수	现货	xiànhuò	현물
尺寸	chǐcùn	사이즈	臀围	túnwéi	엉덩이둘레
肩宽	jiānkuān	어깨길이	领围	lǐngwéi	목둘레
腰围	yāowéi	허리둘레	袖长	xiùcháng	소매길이
胸围	xiōngwéi	가슴둘레	弹性	tánxìng	탄력성 (스판)
衣长	yīcháng	옷길이	棉	mián	면

메모

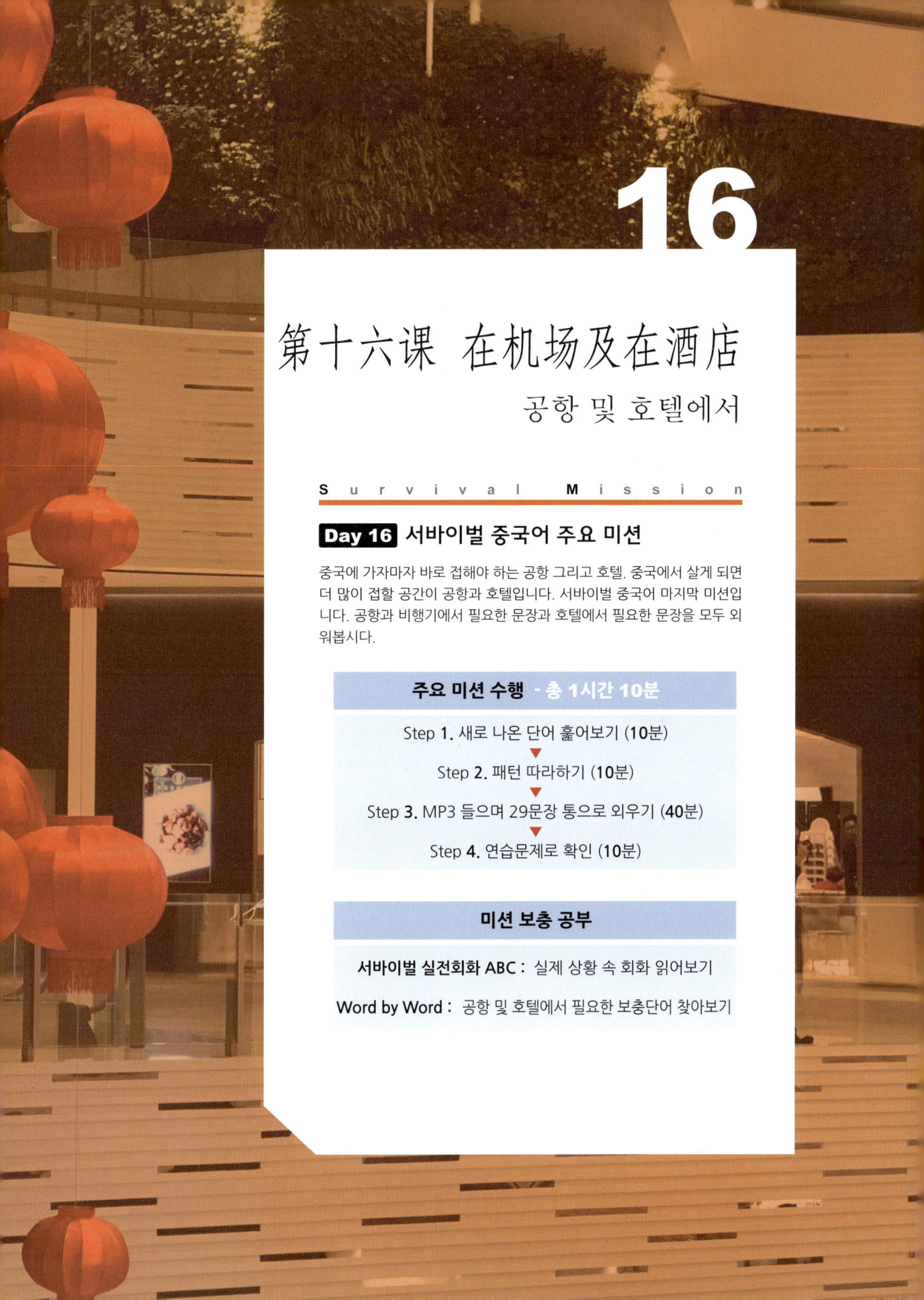

16

第十六课 在机场及在酒店
공항 및 호텔에서

Survival Mission

Day 16 서바이벌 중국어 주요 미션

중국에 가자마자 바로 접해야 하는 공항 그리고 호텔. 중국에서 살게 되면 더 많이 접할 공간이 공항과 호텔입니다. 서바이벌 중국어 마지막 미션입니다. 공항과 비행기에서 필요한 문장과 호텔에서 필요한 문장을 모두 외워봅시다.

주요 미션 수행 - 총 1시간 10분

Step 1. 새로 나온 단어 훑어보기 (10분)
▼
Step 2. 패턴 따라하기 (10분)
▼
Step 3. MP3 들으며 29문장 통으로 외우기 (40분)
▼
Step 4. 연습문제로 확인 (10분)

미션 보충 공부

서바이벌 실전회화 ABC : 실제 상황 속 회화 읽어보기

Word by Word : 공항 및 호텔에서 필요한 보충단어 찾아보기

16 第十六课 在机场及在酒店 공항 및 호텔에서

Step 1 새로 나온 단어 맛보기

	한자	발음	뜻	예문
1	登机口	dēngjīkǒu	탑승구	登机口和登机时间 dēngjīkǒu hé dēngjī shíjiān 탑승구와 탑승시간
2	托运	tuōyùn	위탁하다.	有没有行李托运? Yǒuméiyǒu xíngli tuōyùn? 부칠 짐이 있으신가요?
3	行李	xíngli	짐	这个行李很重。 Zhègè xíngli hěnzhòng. 이 짐은 매우 무겁습니다.
4	超重	chāozhòng	중량초과하다.	你不得超过重量。 Nǐ bùděi chāoguò zhòngliàng. 당신은 중량을 초과하면 안됩니다.
5	充电器	chōngdiànqì	충전기	里面有没有充电器? Lǐmiàn yǒuméiyǒu chōngdiànqì? 안에 충전기가 있나요?
6	易碎品	yìsuìpǐn	깨지기 쉬운 물품	里面有易碎品。 Lǐmiàn yǒu yìsuìpǐn. 안에 깨지기 쉬운 물건이 있습니다.
7	付	fù	지불하다.	付一下超重费。 Fùyíxià chāozhòngfèi. 초과비용을 내세요.
8	靠窗	kàochuāng	창가에 기대다	我要靠窗的。 Wǒ yào kàochuāngde. 저는 창가 쪽을 원합니다.
9	过道	guòdào	복도 통로	我要过道的位置。 Wǒ yào guòdàode wèizhi. 저는 통로 자리를 원해요.
10	位置	wèizhi	자리	没有位置了。 Méiyǒu wèizhile. 자리가 없습니다.
11	连在一起	liánzàiyìqǐ	함께 연결되다.	我要三个人连在一起的。 Wǒ yào sāngerén liánzài yìqǐde. 저는 세 사람이 함께 연결된 것을 원해요.

	한자	발음	뜻	예문
12	升舱	shēngcāng	업그레이드하다.	我要升舱。 Wǒ yào shēngcāng. 저는 업그레이드를 원합니다.
13	脱下	tuōxià	벗어두다.	脱下外套。 Tuōxià wàitào. 외투를 벗어두세요.
14	外套	wàitào	외투	把你的外套挂在那儿吧! Bǎ nǐdewàitào guàzàinàr ba! 당신의 외투를 저기에 걸어두세요!
15	围巾	wéijīn	스카프	她围着围巾。 Tā wéizhe wéijīn. 그녀는 스카프를 두르고 있다.
16	转身	zhuǎnshēn	몸을 돌리다.	转身! Zhuǎnshēn! 몸을 돌리세요!
17	借过	jièguò	실례합니다. (지나갈게요)	不好意思,借过一下! Bùhǎoyìsi, jièguò yíxià! 죄송합니다만 지나갈게요.
18	系好	jìhǎo	잘 매다.	系好鞋带。 Jìhǎo xiédài. 신발끈을 꽉 묶다.
19	安全带	ānquándài	안전벨트	系好安全带。 Jìhǎo ānquándài. 안전벨트를 잘 매다.
20	预订	yùdìng	예약하다.	预定好了。 Yùdìng hǎole. 예약했습니다.
21	退房	tuìfáng	체크아웃하다.	我要退房。 Wǒ yào tuìfáng. 저는 체크아웃하려구요.
22	申请	shēnqǐng	신청하다.	请给我申请书。 Qǐng gěiwǒ shēnqǐngshū. 저에게 신청서를 주세요.
23	安排	ānpái	안배하다. 배치하다.	你安排好了吗? Nǐ ānpái hǎolema? 당신은 잘 배정했습니까?
24	含	hán	포함하다.	套餐含咖啡吗? Tàocān hán kāfēi ma? 세트가 커피 포함입니까?
25	担保	dānbǎo	담보, 디파짓 (하다)	你担保什么? Nǐ dānbǎo shénme? 당신은 무엇으로 디파짓하시나요?
26	结束	jiéshù	끝나다.	几点结束? Jǐdiǎn jiéshù? 몇 시에 끝나요?
27	健身房	jiànshēnfáng	휘트니스센터	健身房在几楼? Jiànshēnfáng zài jǐlóu? 휘트니스센터는 몇 층에 있나요?

Step 2 패턴 그대로 따라하기

1. 一个一个放一下   하나씩 놓으세요.
Yígeyíge fàngyíxià

수양사의 중첩 형태이다. 이 표현은 익숙해지면 쉽게 사용할 수 있는 형태이다.

- □ 一个一个包一下。 Yígeyíge bāoyíxià. 하나씩 포장해주세요.
- □ 一包一包称一下。 Yìbāoyìbāo chēngyíxià. 한 봉지씩 무게를 재주세요.
- □ 一斤一斤装一下。 Yìjīnyìjīn zhuāngyíxià. 한근씩 포장해주세요.

练习题 하나 씩 닦으세요.

2. 连在一起   함께 연결되어 있다.
liánzàiyìqǐ

一起 는 부사로 같이 "더불어 함께"라는 뜻으로 사용된 표현을 많이 접했을 것이다. 一起 는 명사로 "한 곳, 한 데, 같은 곳" 이라는 뜻도 있어 * V 在 一起 : 공간적으로 같은 자리에 있음을 표현하는 것이다.

- □ 坐在一起。 Zuòzàiyìqǐ. 함께 앉아있습니다.
- □ 站在一起。 Zhànzàiyìqǐ. 함께 서있습니다.
- □ 聚在一起。 Jùzàiyìqǐ. 함께 모여있습니다.

练习题 한데 쌓다.

참고 堆 [duī] : 쌓다.

3. 请你 V ~   당신에게 청한다.
Qǐngnǐ

请은 (1)청하다. 원하다. 부탁하다. 이외에 (2)초대하다. 한턱내다. 손님(을) 대접하다. 라는 뜻도 있다.
(부록1- 기본어법 unit 15 겸어문 참고)

- ☐ 请你谅解一下!   Qǐngnǐliàngjiěyíxià!   양해를 부탁합니다!
- ☐ 请你吃饭!   Qǐngnǐchīfàn!   당신에게 밥 살게요!
- ☐ 请你喝酒!   Qǐngnǐhējiǔ!   당신에게 술 살게요!

练习题 당신이 제 아이를 잘 가르쳐 주시길 청합니다. _____

4. 预订好了   예약을 잘 해두다. (예약을 잘 끝내다)
yùdìnghǎole.

好 는 결과보어로 쓰여 원만히 잘 끝남을 나타낸다. (부록1- 기본어법 unit 9 결과보어 참고)

- ☐ 准备好了。   Zhǔnbèihǎole.   준비를 잘했습니다.
- ☐ 修好了没有?   Xiūhǎoleméiyǒu?   잘 고쳤습니까?
- ☐ 约好了。   Yuēhǎole.   약속 잘했어요.

练习题 제가 며칠 전에 전화해서 예약했어요. 제 이름을 다시 찾아보세요.

Step 3 서바이벌 문장 330

🔊 MP3 001

在机场 [zài jīchǎng]

302 到韩国仁川机场, 对吧?（金浦）
Dào Hánguó rénchuān jīchǎng, duìba?（Jīnpǔ）

303 看, 这是登机口和登机时间。
Kàn, Zhè shì dēngjīkǒu hé dēngjīshíjiān.

304 有没有托运的行李?
Yǒuméiyǒu tuōyùn de xíngli?

305 有几件行李托运?
Yǒu jǐjiàn xíngli tuōyùn?

해석

공항에서 –

302. 한국 인천 공항에 가는 거 맞죠? (김포)
303. 보세요. 이것은 탑승구와 탑승시간이에요.
304. 부칠 짐 있어요?
305. 몇 개의 짐을 부치나요?

DAY 16 Mission

306 行李一个一个放一下。
Xíngli yíge yíge fàngyíxià.

307 你的行李超重了。得付一下超重费。
Nǐde xíngli chāozhòngle. Děi fùyíxià chāozhòngfèi.

308 你不得超23公斤。
Nǐ bùděi chāo èrshísān gōngjīn.

309 里面有没有充电器？（易碎品 / 电脑）
Lǐmiàn yǒuméiyǒu chōngdiànqì? (yìsuìpǐn / diànnǎo)

310 我要前面靠窗的位置。
Wǒ yào qiánmiàn kàochuāng de wèizhi

해석

306. 여행가방은 하나 하나 두세요.
307. 당신의 짐은 이미 중량을 초과했어요. 초과비용을 내셔야 합니다.
308. 당신 23kg을 넘어서는 안돼요.
309. 안에 충전기가 있어요 없어요? (깨지기 쉬운 물건 / 컴퓨터)
310. 저는 앞쪽의 창가 자리를 원합니다.

Step 3 서바이벌 문장 330

🔊 **MP3** 002

311 我要过道的位置。
Wǒ yào guòdào de wèizhi.

312 不好意思，前面的位置已经满了。
Bùhǎoyìsi, qiánmiànde wèizhi yǐjīng mǎnle.

313 我要三个连在一起的位置。
wǒ yào sānge liánzài yìqǐde wèizhi.

314 两个人坐前面，一个人坐后面。
Liǎnggerén zuò qiánmiàn, yígerén zuò hòumiàn.

해석

311. 저는 통로 자리를 원합니다.
312. 죄송합니다. 앞의 자리는 이미 다 찼습니다
313. 저는 세 사람 모두 함께 연결된 자리를 원합니다.
314. 두 사람은 앞에 앉고 한 사람은 뒤에 앉으세요.

DAY 16　Mission

315　可不可以升舱？
Kěbukěyǐ shēngcāng?

316　你脱下外套吧！围巾也放这里。（鞋 / 大衣）
Nǐ tuōxià wàitào ba! Wéijīn yě fàngzhèli. (xié / dàyī)

317　转身！
Zhuǎnshēn!

318　借过一下。（让）
Jièguò yíxià. (ràng)

319　系好安全带。
Jìhǎo ānquándài.

해석

315. 비즈니스로 업그레이드할 수 있어요?
316. 당신은 외투를 벗으세요. 스카프도 여기 두세요. (신발, 외투)
317. 몸을 돌리세요.
318. 지나가겠습니다. (양보하다)
319. 안전벨트를 잘 매세요.

Step 3 서바이벌 문장 330

🔊 MP3 003

在酒店 [Zài jiǔdiàn]

320 你好, 你的英文名呢?
Nǐhǎo, nǐde yīngwénmíng ne?

321 我预定好了, 你查一下。
Wǒ yùdìng hǎole, nǐ cháyíxià.

322 给我看护照。
Gěi wǒ kàn hùzhào.

323 你要住几天的?（待=呆）
Nǐ yào zhù jǐtiān de? (dāi=dāi)

324 你得两点以前退房。
Nǐ děi liǎngdiǎn yǐqián tuìfáng.

325 我已经申请了加床, 安排好了吗?
Wǒ yǐjīng shēnqǐngle jiāchuáng, ānpáihǎolema?

해석

호텔에서 -

320. 안녕하세요. 당신의 영문이름은요?
321. 저는 예약했습니다. 당신이 다시 찾아보세요.
322. 저에게 여권을 보여 주세요.
323. 당신은 며칠을 묵으려고 합니까? (묵다, 체류하다)
324. 당신은 2시 전에 체크아웃을 해야합니다.
325. 저는 이미 침대 하나를 넣어달라고 신청했었습니다. 잘 준비하셨나요?

DAY 16 Mission

326 含不含早餐?
Hánbuhán zǎocān?

327 请给我信用卡做担保。
Qǐng gěi wǒ xìnyòngkǎ zuò dānbǎo.

328 早餐几点结束?
Zǎocān jǐdiǎn jiéshù?

329 <u>游泳池</u>在几楼?(健身房)
<u>Yóuyǒngchí</u> zài jǐlóu? (jiànshēnfáng)

330 有没有无线密码? 收费还是免费?
Yǒuméiyǒu wúxiànmìmǎ? Shōufèi háishì miǎnfèi?

해석

326. 조식을 포함하는 건가요?
327. 디파짓을 하게 신용카드를 주세요.
328. 조식은 몇 시에 끝나요?
329. 수영장은 몇 층에 있어요? (헬스클럽)
330. 와이파이 비밀번호가 있나요? 유료인가요 무료인가요?

Step 4 미션 체크 연습문제

1. 다음 단어의 한어병음을 넣어 보세오. 중요 단어 쓰기

   1) (여행 짐) 부치다. _____
   2) 깨다. 부수다. _____
   3) 창가 _____
   4) 업그레이드 하다. _____
   5) 예약하다. _____

2. 다음 빈 칸을 채우세요. 중요 패턴 확인

   1) 함께 연결되어 있습니다. _____
   ① 함께 앉아 있습니다. _____
   ② 한 곳에 두었습니다. _____

   2) 청하다. (손님을) 대접하다. _____
   ① 당신께 밥을 살게요. _____
   ② 당신께 술을 살게요. _____

3. 아래 단어를 참고하여 다음 단어 괄호 안에 병음을 넣으세요. 중요 단어 풀이

超 ( )	碎 ( )	连 ( )	含 ( )	申 ( )
초과하다	부서지다	잇다, 연이어	포함하다	펴다, 펼치다
超市 마트	打碎 깨부수다	连续 연속	包含 포함하다	申请 신청하다

4. 아래 빈 칸을 채우세요. 중요 문장 쓰기

1) 짐은 하나 씩 놓으세요..

   你的行李＿＿＿＿＿＿＿放吧。

2) 저는 창가 쪽 자리를 주세요.

   我要靠窗的＿＿＿＿＿＿＿。

3) 저는 이미 침대 하나를 더 넣어달라고 신청했었습니다.

   我已经＿＿＿＿＿＿＿加一张床。

4) 몸을 돌리세요.

   ＿＿＿＿＿＿＿身。

5) 안에 깨지기 쉬운 물건이 들어있어요.

   里面有＿＿＿＿＿＿＿碎的东西。

6) 돈을 받나요 아니면 공짜인가요?

   ＿＿＿＿＿＿＿费还是＿＿＿＿＿＿＿费?

서바이벌 실전 회화

第十六课 在机场

공항에서

🔊 MP3 004

- 登机　dēngjī　보딩, 탑승 (하다)
- 托运　tuōyùn　(짐을) 부치다.
- 枕头　zhěntóu　베개
- 毛毯　máotǎn　이불 (작은 담요)
- 起飞　qǐfēi　이륙하다.
- 下降　xiàjiàng　하강하다.

换登机牌　huàn dēngjīpái

A 你好！我去首尔金浦机场
　　Nǐ hǎo! Wǒ qù Shǒu'ěr jīnpǔjīchǎng.

B 给我护照！
　　Gěiwǒ hùzhào

A 你尽量安排一下前面的位置, 好吗？我要靠窗的。
　　Nǐ jǐnliàng ānpáiyíxià qiánmiàn de wèizhi, hǎoma? Wǒ yào kàochuāngde.

B 有没有托运的行李？
　　Yǒuméiyǒu tuōyùn de xíngli?

A 有两件。
　　Yǒu liǎngjiàn.

B 行李一个一个放。
　　Xíngli yígeyíge fàng.

B 你看, 这里是登机时间和登机口。
　　Nǐ kàn, zhèli shì dēngjīshíjiān hé dēngjīkǒu.

A 谢谢！
　　Xièxie!

在飞机里 zài fēijīli

B 鸡肉，牛肉？牛肉，面条？
Jīròu, niúròu? Niúròu, miàntiáo?

A 我要枕头和毛毯。
Wǒ yào zhěntóu hé máotǎn.

B 我要雪碧。（可乐，橙汁，啤酒，矿泉水，咖啡，红茶）
Wǒ yào xuěbì. (kělè, chéngzhī, píjiǔ, kuàngquánshuǐ, kāfēi, hóngchá)

🔊 女士们，先生们！我们的飞机很快就要起飞了。/
飞机正在下降。
Nǚshìmen, xiānshengmen! Wǒmendefēijī hěnkuài jiùyào qǐfēile./
fēijī zhèngzài xiàjiàng.

해석

보딩패스로 바꾸기
A: 안녕하세요, 저는 서울 김포공항에 갑니다.
B: 저에게 여권을 보여주세요.
A: 당신은 앞자리로 되도록이면 배정해주세요. 괜찮나요? 저는 창가자리로 원합니다.
B: 부치실 짐이 있습니까?
A: 두 개요
B: 짐은 하나 씩 올리세요.
B: 보세요. 여기가 보딩시간 그리고 보딩게이트 입니다.
A: 감사합니다.

비행기안에서
B: 닭고기요, 쇠고기요? 쇠고기요, 면 이요?
A: 전 베개와 이불을 원합니다
B: 저는 스프라이트(콜라, 오렌지쥬스, 맥주, 생수, 커피, 홍차) 를 원해요.
🔊 승객여러분 우리 비행기는 곧 이륙하려고 합니다. / 우리 비행기는 지금 하강하고 있습니다.

Word by Word Day 16

- 공항에서 쓰이는 단어
- 호텔에서 쓰이는 단어

◆ 공항에서 쓰이는 단어 ◆

중국어	병음	한국어	중국어	병음	한국어
坐飞机	zuòfēijī	비행기를 타다	出发时间	chūfāshíjiān	출발시간
办手续	bànshǒuxù	수속을 하다	登机时间	dēngjīshíjiān	탑승시간
登机牌	dēngjīpái	탑승권	登机口	dēngjīkǒu	탑승구
托运	tuōyùn	짐을 부치다	出境/入境	chūjìng/rùjìng	출국/입국
升舱	shēngcāng	업그레이드하다	出境卡	chūjìngkǎ	출국카드
积分	jīfēn	마일리지	头等舱	tóuděngcāng	퍼스트 클래스
靠窗的位置	kàochuāngde wèizhi	창가 좌석	公务舱	gōngwùcāng	비즈니스 클래스
过道的	guòdàode	통로쪽	经济舱	Jīngjìcāng	이코노미 클래스
儿童餐	értóngcān	어린이 식사	免税店	miǎnshuìdiàn	면세점
提前申请	tíqiánshēnqǐng	앞서 신청하다.	海关	hǎiguān	세관
付超重费	fù chāozhòngfèi	초과비용을 내다	申报	shēnbào	서면으로 보고하다.
行李件数	xínglijiànshù	(여행)짐 개수	空姐(哥)	kōngjiě(gē)	여승무원(남~)

◆ 호텔에서 쓰이는 단어 ◆

星级	xīngjí	(스타) 성급
预订	yùdìng	예약하다.
单人房	dānrénfáng	일인실
双人房	shuāngrénfáng	이인실
套房	tàofáng	스위트룸
标准房	biāozhǔnfáng	일반방
高级房	gāojífáng	디럭스룸
证件/护照	zhèngjiàn / hùzhào	신분증 / 여권
办入住手续	bànrùzhùshǒuxù	체크인수속
退房	tuìfáng	체크아웃하다
含早餐(税)	hánzǎocān(shuì)	아침포함(세금)
借记卡	jièjìkǎ	체크카드
信用卡	xìnyòngkǎ	신용카드
担保	dānbǎo	디파짓, 담보
房号	fánghào	방번호
房卡	fángkǎ	룸키(룸카드)
设施	shèshī	시설
健身房	jiànshēnfáng	헬스
游泳池	yóuyǒngchí	수영장
报销	bàoxiāo	(사용경비를) 청구하다. 정산하다.
无线密码	wúxiànmìmǎ	와이파이비밀번호
自助餐	zìzhùcān	뷔페

서바이벌 기본어법

S u r v i v a l M i s s i o n

기본어법 Unit 의 Road Map

▶ 확장연습으로 워밍업
▶ Chant Chant 로 어법 익숙해지기
▶ Point 설명으로 기본어법 다지기
▶ 보충 예문으로 기본어법 마무리

Unit 01   "一点儿" 용법 (동사 一点儿 VS 형용사 一点儿)
Unit 02   "有点儿" 조금 … 그렇네~
Unit 03   개사 (介词)란?
Unit 04   보어 (补语) - 1. 시량보어란?
Unit 05   보어 (补语) - 2. 정도보어란?
Unit 06   조사 (助词) - 동태조사 "了, 着, 过"
Unit 07   동사 (动词) - 능원동사(能愿动词) "能, 会, 可以, 得, 应该"
Unit 08   동사 (动词) - 쌍빈어동사(双宾语动词)
          "给, 送, 教, 问, 告诉, 找"
Unit 09   보어 (补语) - 3. 결과보어란?
Unit 10   보어 (补语) - 4. 방향보어란?
Unit 11   동사의 중첩과 형용사의 중첩
Unit 12   보어 (补语) - 5.가능보어란?
Unit 13   "把"자문 이란?
Unit 14   비교문 이란?
Unit 15   겸어문 이란? "请, 派, 叫, 让, 被"

Unit 01 동사 (一)点儿 VS 형용사 (一)点儿

확장연습 　워밍업

吃东西	먹을 것을 먹다.
吃点儿东西	먹을 것을 좀 먹다.
我们吃点儿东西	우리는 먹을 것을 좀 먹는다.
我们吃点儿东西吧	우리 먹을 것을 좀 먹자.

快一点儿	좀 빨리요.
慢一点儿	좀 천천히요.
便宜一点儿	좀 싸게요.
干净一点儿	좀 깨끗이요.

Chant Chant 　듣기 들으며 따라 읽기

来点儿，再来点儿，再来点儿米饭。
来点儿，快来点儿，快来点儿勺子。
吃点儿，吃点儿什么，吃点儿什么菜，要吃点儿什么菜？
买点儿，买点儿什么，买点儿什么东西，要买点儿什么东西？

Point 학습 　기본 어법 설명으로 다지기

동사 + 一点儿　yìdiǎnr : 양사〉 "조금"을 뜻함. 불확정적 수량

"한 개 드세요"를 중국어로 해보라고 하면, 吃一个라 바로 잘 얘기하는데 "조금 드세요"를 중국어로 하라고 하면 一点儿吃 (X) 라고 어순을 거꾸로 말하는 경우가 자주 발생한다. 一点儿 은 조금을 뜻하는 불확정적 수량의 양사이다. 한 개의 수량이 一个, "하나 드세요" 하면 "吃一个"라고 하듯이, "조금 드세요" 라고 하면 "吃一点儿" 이라고 해야한다.

> 동사 V + （一）点儿 (= 一些 yìxiē) : ~ 조금 하다.

> 형용사 A + （一）点儿 (= 一些 yìxiē) : ~ 조금 해주세요. (청유, 요구, 비교)

형용사 뒤에 쓰는 一点儿（=一些）는 "조금 해주세요"라는 청유, 권유의 뉘앙스로 쓰인다. 이 표현 역시 어순에 특히 주의하도록 하자.

참고 형용사+ 一点儿（=一些）는 "비교"의 뉘앙스도 있어서 뒤의 [unit14 비교문] 에서 다시 등장할 것이다.

보충예문 — 기본 어법 예문으로 마무리

● 동사 一点儿(= 一些 yìxiē) 예문

1. 拿一点儿。　　　　조금 가져오다.
2. 有一点儿。　　　　조금 있다.
3. 放一点儿。　　　　조금 넣다.

참고 一点儿也 (부정적 뜻으로) 조금도 ~

중국어에서 "（连 lián） ~ 也 : ~ 조차도 " 라는 구문이 있다. 주로 부정문을 더욱 강조하기 위한 구문으로 쓰인다. 따라서 " 조금도 ~ " 라는 표현은 "（连） 一点儿也" 로서, 다음 예문을 더 보자.

4. 一点儿也没吃。　　조금도 먹지 않았다..
5. 一点儿也没有。　　조금도 없다.
6. 一点儿也不看。　　조금도 보지 않는다.

● 형용사 一点儿 예문

7. 声音大一点儿！　　소리를 좀 크게 해주세요.
8. 空调小一点儿！　　에어컨 좀 낮춰주세요.

Unit 02 有点儿 + （形） : 조금 … 그렇네~

확장연습 워밍업

有点儿	좀 그래.
有点儿怪	좀 이상해
有点儿奇怪	좀 이상해
味道有点儿奇怪	맛이 좀 이상해

Chant Chant 듣기 들으며 따라 읽기

有点儿，有点儿不好， 有点儿不好吃，有点儿不好看。
有点儿，有点儿脏，有点儿忙，有点儿远，有点儿累。
有点儿，有点儿淘气，有点儿麻烦， 有点儿奇怪。

淘气 táoqì : 장난이 심하다. 장난꾸러기다.

Point 학습 기본 어법 설명으로 다지기

有点儿 조금, 약간 (주로 불만을 나타내는데 쓰인다) 이라는 "부사"

중국어로 "매우 안좋다." 라고 하면 <u>很不好</u>! 很은 "매우"라는 부사이다. 很과 같이 有点儿 은 "약간"이라는 부사이다. "약간 안 좋다" 라고 하면 <u>有点儿 + 不好</u> 인 것이다. 위에 확장 연습이나, Chant Chant에서 연습한 것 처럼 有点儿 이라는 부사 뒤에는 좋지 않다는 의미의 형용사가 온다. Unit1에서 배운 [V+ 一点儿, A + 一点儿] 과 형태가 비슷하다고 혼동하지 말자. 有点儿 은 우리가 기초에서 배운 很, 非常 같은 부사의 한 종류이다.

> **중국어 기본 어순 :** 주어 [부사어] 술어

我	有点儿	累。	저는 약간 피곤합니다.
空调	有点儿	大。	에어컨이 조금 세요.

보충예문 — 기본 어법 예문으로 마무리

1. 我有点儿累, 休息一点儿吧!   나 약간 피곤해, 조금 쉬자!
2. 这个有点儿贵, 便宜一点儿吧!   이것은 약간 비싸다, 조금만 싸게 해줘라!
3. 师傅, 有点儿快, 慢一点儿吧!   아저씨 좀 빨라요, 천천히 가주세요!
4. 我有点儿饿。吃点儿东西吧!   나는 약간 배가 고프다. 뭐 좀 먹자!
5. 空调有点儿大。有点儿冷。小一点儿吧!   에어컨 바람이 좀 세요. 약간 춥네요. 세기를 조금 낮춰 주세요!

Unit 03 在哪儿，跟谁，给谁，从哪儿 … 개사 (전치사) 란?

확장연습 | 워밍업

你在哪儿?	넌 어디에 있니?
你在哪儿见?	넌 어디에서 만나?
你在哪儿见他?	넌 어디에서 그를 만나니?
你在哪儿见到他?	넌 어디에서 그를 만나게 됐니?

Chant Chant | 듣기 들으며 따라 읽기

跟我，跟妈妈，他跟我，爸爸跟妈妈，他跟我一起去，爸爸跟妈妈一起去。
跟我，跟妈妈，他跟我，爸爸跟妈妈，他跟我聊，爸爸跟妈妈聊，
他跟我聊天儿，爸爸跟妈妈聊天儿。

从几点，到几点，从几点到几点，从九点半到十一点半，从哪儿，到哪儿，
从哪儿到哪儿，从这儿到那儿，从上海到北京。

Point 학습 | 기본 어법 설명으로 다지기

개사(介词)

개사의 개(介)는 개입한다는 뜻이다. 주어와 동사 사이에 개입되도록 만드는 품사이다. 영어 문법용어로 말하면 전치사에 해당한다. 개사(=전치사)가 이끄는 구는 상황어(=부사어)의 위치에 놓인다.

아래의 어순을 확인해보자. 아래 표에서는 기본적인 개사를 살펴보자.

중국어 기본 어순 :   주어 [부사어]   술어 [보어]   목적어

我		在北京	学 汉语。	나는 북경에서 중국어를 공부한다.
我		跟中国老师	学 汉语。	나는 중국선생님과 중국어를 공부한다.
我		在北京 跟中国老师	学 汉语。	나는 북경에서 중국선생님과 중국어를 공부한다.
我	每天	在图书馆 跟朋友	学 汉语。	나는 매일 도서관에서 친구랑 중국어를 공부한다.

참고 이처럼 부사어에 위치에는 여러가지 부사와 개사구가 부사어 위치에 함께 놓일수 있다

跟	gēn	~에게, 跟~一起 (=一块儿) ~와 함께	我跟他说。 我跟老师学。 我跟他一起去。	나는 그에게 말한다. 나는 선생님께 배운다. 나는 그와 함께 간다.
和	hé	~와(=跟) (참고) 그리고 "and" 라는 뜻도 있음	我和他一块儿去。	나는 그와 함께 간다.
给	gěi	~에게 (해주다)	你给我打电话。 你给我做菜。	당신 저에게 전화하세요. 당신 저에게 요리를 해주세요.
在	zài	~에서 (있으면서, 장소)	我在家学汉语。 他在学校上课。	나는 집에서 중국어를 공부한다. 나는 학교에서 수업을 합니다.
从	cóng	~에서(부터) 从~到… ~에서 … 까지	你是从哪儿来的？ 从韩国来的。 从9点到11点。	당신은 어디서 왔습니까？ 한국에서 왔어요. 9시부터 11시까지요.
离	lí	~에서(얼마큼 떨어져있다)	学校离这儿很远。	학교는 여기서 매우 멉니다.
为了	wèile	~을 위해서	我为了你准备。	저는 당신을 위해 준비했습니다.
按照	ànzhào	~에 따라서,~에 따르면 按（照）	按时上班。 按照我说的做一下。	정시 출근 내가 말한 대로 따라 하세요.

보충예문 기본 어법 예문으로 마무리

1. 在哪儿见面？　　　　어디에서 만나니?
2. 跟谁学汉语？　　　　누구와(한테) 중국어를 배우니?
3. 给谁打电话？　　　　누구에게 전화를 거니?
4. 从几点开始？　　　　몇 시부터 시작이니?
5. 到什么时候交作业？　언제까지 숙제를 제출하니?

Unit 04 보어 (补语) - 1. 시량보어란?

확장연습 — 워밍업

我在上海	난 상해에 있다.
我在上海住	난 상해에 산다.
我在上海住了	난 상해에서 살았다.
我在上海住了一年了	난 상해에서 산지 일 년 되었다.

Chant Chant — 듣기 들으며 따라 읽기

擦一下桌子，来一下菜单，洗一下衣服，看一下孩子，收一下房间。
擦了半天，洗了半天，学了半天，下了半天。
要多长时间， 学多长时间，看多长时间，工作多长时间？

学几个月，学了几个月，学了几个月了， 学了几个月汉语了？
学汉语学了几个月了，汉语学了几个月了，你汉语学了几个月了？

Point 학습 — 기본 어법 설명으로 다지기

보어 (补语)
중국어에서 보어란 술어(형용사, 동사)의 연대성분이다. 보어는 술어 뒤에 놓이며 시량, 동량, 정도, 결과, 방향 및 가능을 보충하는 성분을 말한다. 그 성격에 따라 형태가 달라지므로 어떤 형태로 보어가 술어 뒤에 붙어 보충을 해주는지 주의깊게 봐야한다.

시량사 (时量词)
시량사는 "시간의 양(시간의 길고 짧음의 양적 표현)"으로 이해하자. 예를 들어 "3시(三点)"는 시점 이라면 "세시간(三个小时)"은 시량이라한다. "월요일(星期一)"는 시점이고, "일주일(一个星期)"은 시량이다. "1월(一月)"은 시점을 나타내고 "일개월(一个月)"은 시량을 나타낸다.

동량사 (动量词)

동량사는 동작의 횟수를 나타낸다. 예를 들어서, 次 , 趟 , 遍 , 下（儿）등등이 있다.

* **시량 / 동량보어** – 위치를 주의해서 살펴보자. (예외의 경우들이 있으나 기본 어법에서는 예외를 제외하고 설명하고자 한다) 보어는 술어의 연대 성분이다. 시량(시간량)이나 동량(횟수)이 술어의 보충어로 쓰이는 것을 시량/동량 보어라 한다. 아래 중국어의 기본 어순을 보자.

> **중국어 기본 어순 :** 주어 [부사어] 술어 [보어] 목적어
> 시량사 또는 동량사
> → 시량/동량보어

> 我　　去年　　　　　学了　　一次　　　汉语。
> 주어　부사어(시간명사)　술어　동량보어　　목적어
>
> 나는 작년에 중국어를 한 번 배웠다.

> 我　　在北京　　学了　　六个月　　汉语。
> 주어　부사어(개사구)　술어　시량보어　　목적어
>
> 나는 북경에서 중국어를 6개월 배웠다.

참고 [술어+목적어, 술어+보어] 이렇게 반복하는 어순도 있음을 참고

我 去年 学汉语 学了一次。// 我 在北京 学汉语 学了六个月。

● 여러가지 시량사

一会儿	yíhuìr	잠시
半天	bàntiān	반나절, 한참
多长时间	duōchángshíjiān	얼마 동안
几分钟	jǐfēnzhōng	몇 분
几个小时	jǐgexiǎoshí	몇 시간
几天	jǐtiān	몇 일
几个星期	jǐgexīngqī	몇 주
几个月	jǐgeyuè	몇 개월
几年	jǐnián	몇 년

여러가지 동량사

次	cì	회, 번 (동작 행위의 횟수)
遍	biàn	번, 차례, 회 (한 동작의 처음부터 끝까지의 전과정을 가리킴)
趟	tàng	차례, 번 (왕래한 횟수를 세는 데 쓰임)
回	huí	회, 번 (동작 행위의 횟수)
一下（儿）	xià(r)	번, 횟수 (동작의 횟수) 참고) "~ 좀 하다." 라는 뜻도 있다.

보충예문 — 기본 어법 예문으로 마무리

1. 可不可以给我看一下？ 저에게 한 번 보여줄 수 있어요?
2. 他等一会儿会来的。 그는 좀 있다가 올 것 입니다.
3. 洗了半天，洗不掉。 반나절 씻었는데 씻기질 않아요.
4. 到正大广场要多长时间？ 정따광장까지 얼마나 걸리니?
5. 每天工作几个小时？ 매일 몇 시간 일합니까?
6. 你在上海待几天？ 당신은 상하이 에서 며칠 묵어요?
7. 我阿姨一个星期上三次。 우리 아줌마는 일주일에 3번 출근합니다.
8. 你玩游戏玩了几个小时了？ 당신은 게임을 몇 시간째 하고 있나요?

메모

Unit 05 보어 (补语) - 2. 정도보어란?

확장연습 워밍업

我说汉语	난 중국어를 말한다.
我说得好	난 말을 잘한다.
我说得很好	난 말을 매우 잘한다.
我汉语说得很好	난 중국어를 매우 잘한다.

Chant Chant 듣기 들으며 따라 읽기

说得很好。学得很好。写得很好。做得很好。
英语说得很好。汉语学得很好。汉字写得很好。韩国菜做得很好。
英语说得好不好? 汉语学得好不好? 汉字写得好不好? 韩国菜做得好不好?

Point 학습 기본 어법 설명으로 다지기

이미 Unit4 에서 시량, 동량보어를 살펴본 바 있다. 다시 한 번 보어의 개념과 중국어의 보어의 위치를 반복해 보자.

> 중국어 기본 어순 : 주어 [부사어] 술어 [보어]

정도보어 (程度补语)
술어에 "得 de"를 붙이고 술어의 정도가 어떤지 성질 상태가 어떤지를 보충해주는 성분을 정도보어라 한다. 정도나 성질 상태를 보충해주는 말이 때로는 짧을 수도 있지만, 때로는 엄청 길어질 수도 있다. 따라서 정도보어에서는 목적어를 술어 앞으로 도치시킨 형태로 쓴다.

> 정도보어 어순 보기 : 주어 [부사어] (술어) 목적어 + 술어"得" [보어]

你 说 得 好像中国人一样好。　중국사람과 똑같을 정도로 잘한다.
주어　술어　"得"　상태를 보충해주는 보어

你 + 汉语 + 说得 好像中国人一样好。　중국어를 중국사람과 똑같을 정도로 잘한다.
주어　목적어　술어 得　보충어

참고 你 + 说汉语 + 说得好像中国人一样好。　(술어를 반복할 수도 있다)

○ 정도보어와 함께 자주 등장하는 단어

会	huì	할수있다	我会说汉语，但说得不太好。 난 중국어를 할 줄 알지만 그렇게 잘하진 않아.	
A 是 A	A shì A	A이긴 A하다.	会是会，但是说得不流利。 할 줄 알긴 알지만 유창하게 말하진 못해.	
还可以 还行	háikěyǐ háixíng	그런대로다.	学得还可以。　공부를 그런대로 한다. 游得还可以。　수영을 그런대로 한다.	
不错	búcuò	괜찮다.	学得不错。　공부를 괜찮게 한다. 游得不错。　수영을 괜찮게 한다.	

보충예문　기본 어법 예문으로 마무리

@ 주어+ 술어 得 怎么样?　　@ 주어+ (술어) + 빈어 + 술어 得 怎么样?

1. 学得怎么样?　　学得还可以。　　　汉语学得还可以。
   공부하는게 어떠니?　그런대로 괜찮게 공부합니다.　중국어를 그런대로 괜찮게 공부합니다.
2. 长得怎么样?　　长得很漂亮。　　　她长得很漂亮。
   어떻게 생겼나요?　매우 예쁘게 생겼습니다.　그녀는 매우 예쁘게 생겼습니다.
3. 睡得怎么样?　　睡得很好。　　　　睡觉睡得很好。
   잘 잤나요?　　　매우 잘 잤습니다.　　잠을 매우 잘 잤습니다.

참고 睡觉, 起床, 游泳, 下雨, 下雪 : 다음과 같은 이합사들은 술어+목적어의 구조를 가졌으므로 보어를 붙일 때 주의하여야 한다. 다시 강조하지만 보어는 술어의 보충어이므로 술어가 무엇인지 파악하여야 한다. - 이합사(부록2-여러가지 동사 중 이합사 참고하기)

4. 今天冷得很。　　　　오늘은 매우 춥습니다.
5. 今天冷死了。　　　　오늘은 추워 죽을 것 같아요.

참고 때로는 형용사 술어 뒤에 정도 보어 로서 , "得"없이 형+死了, 형+多了, 형+极了의 형태로 "아주 대단히, 많이 ~ 하다."로 쓰일 때도 있다.

Unit 06 조사 (助词) - 동태조사 "了, 着, 过"

확장연습 — 워밍업

我看了	나는 보았다.
我看过	나는 본 적이 있다.
我看着	나는 보고 있다.
我看着电视	나는 TV를 보고 있다.

Chant Chant — 듣기 들으며 따라 읽기

看过吗？没看过。没看过吗？一次也没看过，一次也没看过他。
看着，看着什么？你看着什么书？我看着英语书。
吃了吗？没吃，还没吃，还没吃午饭，还没吃午饭呢。我还没吃午饭呢。

Point 학습 — 기본 어법 설명으로 다지기

동태조사 (动态助词)

중국어에서 "동태"조사라고 하면 세가지가 있다.
<u>완료를 나타내는 了 le , 지속을 나타내는 着 zhe , 경험을 나타내는 过 guo</u>
한국어나 영어에서는 "시제"라는 말을 사용하지만 중국어 어법에서는 "시제"라는 말을 사용하지 않는 이유는 이 세가지 조사는 "과거 현재 미래"의 조사(助词)가 아니고, <u>"완료 지속 경험"</u>의 조사 이기 때문이다. 이 세가지 동태조사는 동사 뒤에 붙어서 활용한다. 단, 조사 "了"의 어순은 예외적인 경우가 많다.

	了	着	过
긍정	吃了, 来了, 买了, 去了	说着, 拿着, 写着, 坐着	吃过, 来过, 买过, 去过
부정	没说, 没来, 没买, 没去	没说着, 没拿着, 没写着, 没坐着	没说过, 没来过, 没买过, 没去过
의문문	说了吗? 说了没(有)说?	拿着吗? 拿着没拿着?	去过吗? 去过没去过?
자주 등장하는 부사	已经 yǐjīng : 이미 ~ 还 hái : 아직 (呢)	在 zài~:~하는 중이다., 正在 zhèngzài : 마침~하는 중이다.	从来 cónglái : 지금까지, 여태껏 一次也 yícìyě : 한번도
어기조사	了(완료의 어기조사)	呢 (진행의 어기조사)	

참고 어기조사는 문장 끝에 붙는 조사로 뉘앙스를 전달하는 역할을 한다. 대표적인 어기 조사로 吗 (의문) 呢 (지속, 还~ 呢, 怎么~呢 등) 了 (완료, 변화, 출현 등) 啊 (놀람 등) 吧 (명령 추측확인) 등이 있다.

참고 着 는 趴 [pā] : 엎드리다 , 坐 [zuò] : 앉다 , 站 [zhàn] : 서다 , 躺 [tǎng] : 눕다 등의 동작 동사 뒤에 주로 많이 붙는다.

* 동사着 + 동사 "~ 하면서 ~한다." 라는 뜻으로 사용된다.
  - 站着吃饭。　　서서 밥을 먹는다.
  - 听着音乐学习。 음악을 들으면서 공부하다.

보충예문　기본 어법 예문으로 마무리

1. 我已经吃了午饭，你呢？　　나는 이미 점심을 먹었는데, 너는?
2. 我还没吃呢。　　　　　　　나는 아직 먹지 않았어.
3. 你去过西安吗？　　　　　　너는 시안에 가본 적 있니?
4. 我从来没去过西安。　　　　나는 여지껏 서안에 가본 적 없다.
5. 他正在看电视呢。　　　　　그는 마침 TV를 보고 있는 중이다.
6. 他趴着看书呢。　　　　　　그는 엎드려 책을 보고 있다.
7. 明天下了课就去吃饭吧！　　내일 수업 끝나고 밥먹으러 가자!
8. 坐着唱歌儿。　　　　　　　앉아서 노래를 부른다.
9. 你吃过没吃过烤鸭？　　　　너는 오리구이를 먹어 본 적 있니?
10. 躺着休息。　　　　　　　　누워서 휴식한다.

Unit 07 동사 (动词) - 능원동사 (能愿动词) "能, 会, 可以, 得, 应该"

확장연습 　워밍업

我能做菜	난 음식을 할 수 있다. (능력, 잘)
我会做菜	난 음식을 할 줄 안다. (배워서)
我可以做菜	난 음식을 할 수 있다. (상황이 된다)
我得做菜	난 음식을 만들어야 한다. (의무)

Chant Chant　듣기 들으며 따라 읽기

你能不能给我? 你可不可以给我? 他会给我的, 他应该给我的。
我会跳舞, 我很会跳舞, 我能跳到那儿。
要不要学? 想不想学? 很想学, 很想学汉语。
得学汉语, 要学汉语, 应该学汉语。

Point 학습　기본 어법 설명으로 다지기

능원동사 (能愿动词)

중국어에서 능원동사는 "조동사"로 이해하면 된다. 능원동사 뒤에는 주로 술어+ 목적어 구조가 붙는다. 아래 표에서 여러 가지 조동사를 살펴보자

	병음	의미
能	néng	1. (능력, 잘한다는 의미 내포) ~ 할 수 있다.　2. (상황이)~해도 된다.
会	huì	1. (후천적 배움)~ 할 줄 안다.　2. ~할 것이다. (미래 추측)
可以	kěyǐ	(상황이) ~ 해도 된다. = 能
得	děi	1. ~ 해야 한다.　2. ~임에 틀림없다. (강한 추측)

| 应该 | yīnggāi | 1. ~ 해야 한다. | 2. ~임에 틀림없다. (강한 추측) |
| 要 | yào | 1. ~ 해야 한다 | 2. ~을 원하다. |

참고 想, 要 이 두가지 모두 "~ 하기를 원한다"라는 뜻. 단지, "要"가 좀 더 적극적인 뜻을 지닌다.
- 我想去美国学习英语。 나는 미국에 영어 공부하러 가기를 원한다.
- 我要去美国学习英语。 나는 미국에 영어 공부하러 가기를 원한다.
- 你想不想一起去? 함께 가고 싶니?
- 你要不要一起去? 함께 가고 싶니?

보충예문 — 기본 어법 예문으로 마무리

1. 他是很能干的。 그는 뭐든 잘하는 사람이다.
2. 他会游泳，能游200米。 그는 수영을 할 줄 알고 200m를 헤엄칠 수있다.
3. 你能去做你的。 너는 가서 너의 일을 해도 된다.
4. 我会说汉语。 나는 중국어를 할 줄 안다.
5. 我很会写汉字。 나는 한자를 잘 쓸 줄 안다.
6. 明天会下雨的。 내일 비가 내릴 것이다.
7. 妈妈，我可以游泳去吗？ 엄마 저 수영하러 가도 되요?
8. 你可以坐这儿。 넌 여기 앉아도 된다.
9. 你得做作业。 넌 숙제를 해야 한다.
10. 现在我得回家。 지금 나는 집에 가야 한다.
11. 我想他得是高中生。 내 생각에 그는 고등학생임에 틀림없다.
12. 你应该早点儿起床。 넌 좀 일찍 일어나야 한다.
13. 我应该上课。 나는 수업을 해야 한다.
14. 你要好好学习。 넌 열심히 공부해야 한다.

Unit 08 동사 (动词) - 쌍빈어동사 (双宾语动词) "给, 送, 教, 问, 告诉, 找"

확장연습 　 워밍업

给我一个	나에게 한 개 주세요.
给我一个蛋糕	나에게 케이크 한 개 주세요.
问他	그에게 묻다.
问他怎么走	그에게 어떻게 가냐고 묻다.

Chant Chant 　 듣기 들으며 따라 읽기

给我, 给我一个, 给我一个面包, 你给我一个面包。
问他, 问他一个, 问他一个问题, 你问他一个问题。
教你, 教你一个, 教你一个办法(bànfǎ 방법), 我教你一个办法。

Point 학습 　 기본 어법 설명으로 다지기

쌍빈어 (双宾语)
중국어에서 빈어(宾语)라고 하면 "목적어"를 말한다. "쌍빈어" 라고 하면 목적어를 두 개 갖는다는 의미로 영어에서 말하는 4형식 구문을 생각하면 된다. 목적어를 두 개 가지고 올 수 있는 동사는 매우 특수한 경우임으로 이 "쌍빈어동사"는 등장할 때 마다 외워야 실수를 하지 않는다.

문장 형태 : 쌍빈어 동사 + 목적어 1 + 목적어 2

给	gěi	주다	他给我一个。 他给我一个苹果。	그는 나에게 한 개를 주다. 그가 나에게 사과 한 개를 주다.
送	sòng	(선물로)주다	我送礼物。 我送她礼物。	(礼物 lǐwù :선물) 나는 선물을 준다. 나는 그녀에게 선물을 준다.
教	jiāo	가르치다.	我教汉语。 我教他们汉语。	나는 중국어를 가르친다. 나는 그들에게 중국어를 가르친다.
问	wèn	묻다.	你问谁？ 我问他一个问题。	너는 누구에게 묻니? 나는 그에게 문제 하나를 묻는다.
告诉	gàosu	알려주다.	请告诉我。 请你告诉我那个消息。	나에게 알려줘라. (消息 xiāoxi : 소식) 넌 나에게 그 소식을 알려주어라

참고 제2과 33번 문장에 등장하는 "找"

*找 : ☞ [찾다] 라는 뜻으로 쓰일 때는 일반 동사.

☞ [돈을 거슬러 받다] 란 뜻으로 쓰일 때는 쌍빈어 동사로 사용된다.

- 你给我找钱包，好吗？ 당신 저에게 지갑 좀 찾아 주세요.
- 你找我十块钱，好吗？ 당신 저에게 10원 거슬러 주세요.

보충예문 | 기본 어법 예문으로 마무리

1. 我问他怎么走。 너는 그에게 어떻게 가는지 묻는다.
2. 你给我菜单。 저에게 메뉴판주세요.
3. 阿姨，再送我一个吧！ 아줌마, 한 개 더 주세요!
4. 我告诉你我的地址。 제 주소를 알려 드릴게요.
5. 老师教我这个字怎么念。 선생님, 저에게 이 글자를 어떻게 읽는지 가르쳐 주세요.
6. 不用找我零钱。 잔돈은 거슬러 줄 필요 없어요.

Unit 09 보어 (补语) - 3. 결과보어란?

확장연습 | 워밍업

吃好了	/ 没吃好	잘 먹었다 / 다 먹지 못했다.
看好了	/ 没看好	잘 봤다 / 다 보지 못했다.
做完了	/ 没做完	다했다 / 다 하지 못했다.
听完了	/ 没听完	모두 들었다 / 다 듣지 못했다.

Chant Chant | 듣기 들으며 따라 읽기

吃完了。吃饱了。吃好了。吃掉了。吃饱了吗？没吃饱。还没吃饱。
学懂了。学完了。学清楚了。学会了。学完了吗？没学完。还没学完。
看懂了。看完了。看清楚了。看好了。看会了。看清楚了吗？没看清楚。

Point 학습 | 기본 어법 설명으로 다지기

결과보어 (结果补语)

보어의 개념은 이미 앞에 시량·동량보어, 정도보어에서 살펴보았다. 결과보어는 동사술어 뒤에 동사의 결과를 나타내는 단어가 보충어로 붙은 형태이다. 아래의 표에서 결과보어로 자주 등장하는 동사와 형용사들을 살펴보자.

> 중국어 기본 어순 : **주어** [부사어] **술어** [보어] **목적어**
> 결과보어의 형태: 술어(동사술어) + 결과를 나타내는 보충어 → 결과보어

다음 형용사들과 동사들이 결과보어로 쓰일 경우

한자	병음	뜻	예문
好	hǎo	원만히 잘 끝남	说好了。/ 吃好了。/ 做好了。/ 准备好了。 말 잘 끝났다. / 잘 먹었다. / 다 잘했다. / 준비 다 끝났다.
错	cuò	잘못되다.	看错了。/ 拿错了。/ 算错了。/ 数错了(shǔcuòle)。 잘못 봤다. / 잘못 가지고 왔다. / 잘못 계산했다. / (수를) 잘못 셌다.
完	wán	끝나다.	听完了。/ 洗完了。/ 准备完了。 잘 들었다. / 다 씻었다. / 준비 끝났다.
齐	qí	완전히 되다.	上齐了。/ 到齐了。 (음식이) 다 올라왔다. / (도착할 사람이) 다 도착했다.
懂	dǒng	이해하다.	听懂了。/ 看懂了。 알아 들었다. / 봐서 이해했다.
清楚	qīngchu	명확하다.	听清楚了。/ 看清楚了。/ 说清楚了。 분명히 들었다. / 분명히 봤다. / 분명히 말했다.
干净	gānjìng	깨끗하게 되다.	洗干净。/ 擦干净。 깨끗이 씻다. / 깨끗이 닦다.
到	dào	1.목적달성, 2.우연히 ~하게 되다.	买到了。/ 做到了。/ 看到了。/ 听到了。 사게 되었다. / 하게 되었다. / 보게 되었다. / 듣게 되었다.
见	jiàn	1.시각 청각등으로 대상을 알아보다. 2.우연히 ~하게 되다.	看见了。/ 听见了。/ 遇见了(yùjiànle)。 보게 되었다. / 듣게 되었다. / (우연히) 만나게 되었다.
掉	diào	~해버리다.	吃掉了。/ 卖掉了。/ 用掉了。 먹어버렸다. / 팔아버렸다. / 써버렸다.
住	zhù	~ 꽉 멈춤.	停住了。/ 堵住了。/ 握住了(wòzhùle)。 멈춰서다. / 꽉 막혔다. / 꽉 쥐다.
会	huì	~ 터득하다.	学会了。/ 看会了。/ 听会了。 배워 터득했다. / 봐서 터득했다. / 들어서 터득했다.

보충예문 — 기본 어법 예문으로 마무리

1. 上齐了。请慢用！ — 다 올라왔어요. 천천히 드세요.
2. 你好像拿错了。 — 당신은 잘못 가져온 것 같아요.
3. 是不是找错了？ — 잘못 거슬러 준 거 아닙니까? / 잘못 찾은거 아닙니까?
4. 我家马桶堵住了。 — 우리 집 변기가 막혔다.
5. 服务员，这里再擦干净吧！ — 종업원, 여기 다시 깨끗이 닦아줘요!
6. 剩的都扔掉吧！ — 남은 건 다 버려 버려라!

Unit 10 보어 (补语) - 4. 방향보어란?

확장연습 │ 워밍업

进来	들어오다.
进来了	들어왔다.
他进来了	그는 들어왔다.
他进门口来了	그는 입구로 들어왔다.

Chant Chant │ 듣기 들으며 따라 읽기

단순방향보어	进	出	上	下	回	过	起
来	进来 들어오다	出来 나오다	上来 올라오다	下来 내려오다	回来 돌아오다	过来 건너오다	起来 일어나다
去	进去 들어가다	出去 나가다	上去 올라가다	下去 내려가다	回去 돌아가다	过去 건너가다	
	복합방향보어						

Point 학습 │ 기본 어법 설명으로 다지기

방향보어 (趋向补语)

보어의 의미는 술어의 보충성분이라 할 수 있다. 방향보어라 하면 술어 뒤에 방향 보충어가 붙는 형태를 말한다. 방향보충어는 chant chant 에서 연습한 것이 전부이다. 술어 뒤에 来, 去, 进, 出, 上, 下, 回, 过, 起 만 붙는 경우를 "단순방향보어"라 하고 chant chant 표에 나머지 합성된 방향보충어가 붙는 경우는 "복합방향보어"라 한다. 중국어 공부하는 학생들이 가장 어려워하는 보어 이기도 하다. 아래의 독특한 방향보어에서 보면 전혀 감을 잡을 수 없는 뉘앙스를 갖기도 해서 생활 속에서 어떤 의미로 쓰였는지를 참고하면서 문장으로 그냥 외우는 수밖에 없다.

> 중국어 기본 어순 : 주어 [부사어]   술어[보어]   목적어
> 방향 보어의 형태: 술어(동사술어) + 방향을 나타내는 보충어(chantchant 참고) → 방향보어

◉ 방향보어에서 목적어의 어순은 기본어순을 따르지 않는 예외가 있으니 다음을 보자.

- 목적어가 일반 목적어 일 때: V + 起 ◎ 来 ◎
  일반목적어는 起来 사이에 놓아도 되고, 起来 뒤에 놓아도 된다.
- 목적어가 장소가 왔을 때: V + 起 ● 来
  장소목적어는 起来 사이에 놓아야 한다.
- 이합사와 방향보어의 결합 : V + 起 ● 来
  이합사에 붙은 起来, 목적어를 起来 사이에 놓아야 한다.

* 이합사 : 下雨 , 说话 , 抬头 ~ (부록2 – 형용사&동사모음 이합사 참고)

◉ 다음 예문을 참고하여 이해해보자.

일반목적어	我借来一本小说。(○) 我借一本小说来。(○)	나는 소설 한 권을 빌려왔다.
	我带来很多朋友。(○) 我带很多朋友来。(○)	나는 매우 많은 친구를 데려왔다.
장소목적어	进车库去吧！(○) 进去车库吧！ (X)	차고로 들어가라!
이합사의 경우	外面下起雨来了。(○) 外面下起来雨了。 (X)	밖에 비가 내리기 시작했다.

◉ 몇가지 독특한 복합 방향보어

V 下来

1. 내려오다.
2. 분리됨
3. 사물을 고정함
4. 과거에서 현재까지 계속되어 온 것이나 현재 출현한 것이 앞으로 계속 될 것임을 나타냄

V 起来

1. 일어나다.
2. 분산된 것에서 집중, 모임
3. 어떤 방면에 추측이나 평가할 때
4. ~하기 시작하다.

보충예문 　기본 어법 예문으로 마무리

1. 你帮我拿下来最上面的。　　　　　너가 나를 도와 가장 위의 것을 내려주세요.
2. 师傅，在前面停下来。　　　　　　아저씨, 앞에서 세워주세요.
3. 都吃掉吧！　不用留下来。　　　　모두 다 먹어라! 남기지 말고
4. 他把小学写过的笔记本带过来了。　그는 초등학교 때 쓴 적 있는 노트를 가져왔다. .
5. 他的故事从以前到现在传下来。　　그의 이야기는 이전부터 지금까지 전해서 내려온다.
6. 把这些衣服都收起来。　　　　　　이 옷들을 치워라
7. 把书合起来。　　　　　　　　　　책을 덮어라.
8. 说起来很容易，做起来很难。　　　말하기는 쉬우나 하기엔 매우 어렵다.
9. 看起来，快下雪了。　　　　　　　보아하니, 곧 눈이 내릴 것 같다.
10. 大家都吵起来了。　　　　　　　 모두들 시끄럽기 시작했다.
11. 他吓得叫起来。　　　　　　　　 그가 놀라서 소리를 지르기 시작했다.
12. 下起雨来。　　　　　　　　　　 비가 내리기 시작하다.
13. 说起话来。　　　　　　　　　　 말하기 시작하다.
14. 抬起头来。　　　　　　　　　　 머리를 들어 올리다.
15. 走进一个人来。(O)　走进来一个人。(O)　　한사람이 걸어 들어오다.
16. 跑进教室里去。(O)　跑进去教室里。(X)　　교실로 달려 들어가다.

메모

Unit 11 동사 중첩 & 형용사 중첩

확장연습 — 워밍업

看看 / 看一看 / 看了看　　좀 보다.
休息休息 / 休息了休息　　좀 휴식하다.
大大（的） / 长长(的)　　매우 크다 / 매우 길다.
老老实实 / 清清楚楚　　매우 성실하다 / 매우 분명하다.

Chant Chant — 듣기 들으며 따라 읽기

看看，看一看，看了看，我昨天晚上看了看电视。
练习，练习练习，练习了练习，你回家练习练习。
老实，老老实实，老老实实的人，他是老老实实的人。
马虎，马马虎虎，擦得马马虎虎。干净，干干净净，擦得干干净净。

Point 학습 — 기본 어법 설명으로 다지기

중첩 (重叠)

중첩은 "반복"이라는 뜻이다. 중국어의 특징 중 하나가 수사, 양사, 동사, 형용사를 반복해서 쓰는 표현이 있다는 것이다. 여기서는 동사의 중첩과 형용사의 중첩만 보도록 하자. 중첩의 의미와 형태를 메인 포인트로 이해하도록 하자. 일단 단음절이 무엇이고 쌍음절이 뭔지 아래 표를 참고하여 이해해 보자.

단음절 동사	쌍음절 동사	단음절 형용사	쌍음절 형용사
看 kàn	工作 gōngzuò	慢 màn	明白 míngbai
走 zǒu	练习 liànxí	高 gāo	雪白 xuěbái
说 shuō	研究 yánjiū	忙 máng	糊涂 hútu

> **동사의 중첩** : 의미 - 단시간, ~해보다 의 의미를 더한다.
> 　　　　　형태 - 단음절동사- AA : 看看、 走走 、 说说
> 　　　　　　　　쌍음절동사- ABAB : 工作工作、 练习练习、 研究研究

- 단음절 동사 만이 중간에 "一"를 넣을 수 있다: 看一看、 走一走、说一说 / 工作一工作（X）
- 중첩과 완료 "了": 看了看、走了走、 工作了工作、 研究了研究

> **형용사의 중첩** : 의미 - 정도가 더해짐을 의미, 중첩이 "매우"의 의미를 갖는다.
> 　　　　　형태 - 단음절 형용사 - AA식: 慢慢（的）、 高高（的）、 忙忙（的）
> 　　　　　　　　쌍음절 형용사 - AABB식: 明明白白、 老老实实、清清楚楚、干干净净

참고 1) 형용사중 상태형용사는 ABAB식의 중첩을 갖는다. 이런 상태 형용사는 서바이벌 중국어에 빈도가 낮으므로 참고만 하면 된다.
- ABAB식　雪白雪白 (xuěbáixuěbái) 눈처럼 희다.
　　　　　笔直笔直 (bǐzhíbǐzhí) 아주 똑바르다. 매우 곧다.

참고 2) A里AB식: 糊里糊涂 (húlihútú) 흐리멍텅하다. 멍하다.

참고 3) 형용사를 중첩하면 문미에 的 라는 어기조사를 붙이나 생략도 가능하다.

- 형용사는 중첩의 의미자체가 "매우"의 뜻을 갖고 있기 때문에 중첩한 형용사에 很 , 非常 등의 정도부사를 쓰지 않는다.
很高兴高兴。（X）　　　高高兴兴。(0)　　　很高兴。(0)

보충예문　기본 어법 예문으로 마무리

1. 这个问题需要考虑考虑。　　　이 문제는 고려 좀 해볼 필요가 있다.
2. 他洗了洗手。　　　　　　　　그는 손을 좀 씻었다.
3. 她的鼻子高高的。　　　　　　그녀의 코는 매우 높다.
4. 你孩子乖乖的。　　　　　　　당신 아이는 매우 착해요.
5. 咱们找个地方聊聊天儿。　　　우리 장소를 찾아서 수다 좀 떨자.

Unit 12 가능보어(补语) - 5. 가능보어란?

확장연습 | 워밍업

听得懂 / 听不懂		알아 듣다 / 알아 들을 수 없다.
看得懂 / 看不懂		보고 이해할 수 있다 / 봐도 이해할 수 없다.
来得及 / 来不及		시간적 여유가 되다 / 시간적 여유가 없다.
看得出来 / 看不出来		알아보겠다 / 못알아 보겠다.

Chant Chant | 듣기 들으며 따라 읽기

听懂。听得懂。听得懂吗？听不懂。听得懂听不懂？
来得及。来不及。来得及来不及？来不及上课。
看不出来。真的看不出来。怎么说胖了，真的看不出来。

Point 학습 | 기본 어법 설명으로 다지기

가능보어 (可能补语)

앞에서 네가지 보어 (시량 동량 보어, 정도보어, 결과보어, 방향보어)를 보았다. 보어는 술어의 보충어라 했다. 가능보어는 술어 뒤에서 [가능과 불가능]의 의미를 보충해준다. 이 가능 보어의 기본 세가지 유형을 보자.

> 가능보어의 형태: 1) 술어 + 得/不 + 결과를 나타내는 보충어 또는 방향을 나타내는 보충어
> 2) 술어 + 得/不 + 了 liǎo
> 3) 술어 + 得 / 不得

(1) 听 + 懂　　→　听得懂 / 听不懂　　알아 들을 수 있다. / 알아 들을 수 없다.
　　술어 + 결과보어　　가능보어 형태

　　拿 + 下来　→　拿得下来 / 拿不下来　가져 올 수 있다. / 가져 올 수 없다.
　　술어 + 방향보어　　가능보어 형태

(2) 去 + 得了[liǎo] / 去 + 不了[liǎo]　갈 수 있다. / 갈 수 없다.
　　看 + 得了[liǎo] / 看 + 不了[liǎo]　볼 수 있다. / 볼 수 없다.

(3) 舍 + 得 [shěde] / 舍 + 不得 [shěbude]　미련을 두지 않다. 아까워 하지 않다. / 아쉬워하다. 섭섭해하다. 아까워하다.

참고 가능보어 형태는 긍정형 보다는 부정형이 더 많이 쓰인다. 가능보어는 단어처럼 외워두어서 활용하자. 가능보어는 위의 확장 연습의 来得及/来不及 라든지 (三)유형처럼 아예 한 단어처럼 외워야한다. 对不起처럼… 미안합니다 "对不起" 도 가능보어라는 사실! - 对不起（对술어+起 방향보어 → 对+不+起 ）

보충예문　기본 어법 예문으로 마무리

1. 生词太多了，记不住。　　　　새 단어가 너무 많아서 기억할 수가 없다.
2. 自行车坏了，停不下来。　　　자전거가 망가져서 멈출 수가 없다.
3. 作业很多，今天做不完。　　　숙제가 매우 많아서, 오늘 다 할 수가 없다.
4. 箱子太重了，拿不起来。　　　상자가 너무 무거워서 들어 올릴 수 없다.
5. 他肚子很疼，今天去不了了。　그는 배가 아파서 오늘 갈 수 없게 되었다.
6. 这台电视太旧了，修不了。　　이 TV는 너무 오래 되어서 고칠 수 없다.
7. 看起来，雨下不了了。　　　　보아하니 비가 내릴 수 없을 것이다.
8. 看起来，这是小不了的事。　　보아하니 이것은 작지 않은 일이다.
9. 舍不得扔掉。　　　　　　　　버리기 아깝다.
10. 我舍不得离开北京。　　　　　나는 북경을 떠나기 아쉽다.

Unit 13 "把" 자문 이란?

확장연습 | 워밍업

打开	열다.
把窗户打开	창문을 열다.
关上	닫다.
把门关上	창문을 닫다.

Chant Chant | 듣기 들으며 따라 읽기

切, 切成两块儿, 把它切成两块儿。
分, 分成两碗, 把它分成两碗。
寄, 寄到哪儿, 把它寄到哪儿?
交, 交给我, 把它交给我。

Point 학습 | 기본 어법 설명으로 다지기

把자문 (把字句)

"把"자문은 처치문이라고도 한다. 목적어부분이 도치되면서 목적어가 술어에 의해 어떻게 움직여지거나 바뀌어지거나 처리되었음을 느낌상으로 전하기 위해 "把"자문을 쓴다. 아래의 예문을 보면서 把자를 안 쓴 경우와 쓴 경우의 차이를 느껴보자.

- 他关上了窗户。　　그는 창문을 (잘, 꽉)닫았다.
- 他把门关上了。　　그가 창문을 (잘, 꽉)닫아 놓았다.

[把자문] 기본어순

주어 + 부사 / 부정사(没, 不) / 조동사　　把"목적어"　술어　보어 (단, 가능보어 제외)

~ 술어가 쌍빈어동사 일 때도 직접목적어를 把자 로 도치 할 수있다.
~ 술어 뒤에 다른성분 (중첩이거나 동태조사 了, 着, 过)가 있을 때도 목적어를 도치로 할 수 있다.

1) 위에 형태에서도 볼 수 있듯이 술어가 단독으로 올 때는 "把字句"을 쓸 수 없다.
   즉, 他把饭吃。(X)는 틀린 적용이다. 술어 뒤에 반드시 다른 성분(+보어/중첩/동태조사) 이 보충으로 있을 때 목적어를 "把자문"으로 도치할 수 있다.

2) 위에 형태에서도 볼 수 있듯이 "把字句"는 도치되는 위치가 부사/부정사/조동사 뒤에 놓인다.
   · 我孩子每天把学校的情况告诉我。　　우리 아이는 매일 학교의 상황을 나에게 알려준다.
   · 我阿姨没把窗户关上呢。　　우리 아줌마가 창문을 꽉 닫아 놓지 않았다.
   · 你能不能把你旁边的书给我?　　년 네 옆의 책을 나에게 줄 수 있니?

3) 특정하지 않은 목적어를 도치하여 강조하진 않으므로 특정하지 않은 목적어는 把字句 로 도치할 수 없다.　　你把纸拿来。(X)

4) 술어 뒤에 다른 성분으로 在~ /到~ /成~ /给~ 가 올 때 把字句를 주로 많이 사용한다.

(一)　把"O" + 동사　[在 / 到]　+ 장소

· 你把这件衣服放在你的房间里。 년 이 옷을 방에 두어라.

(二)　把"O" + 동사　[成]　+ 변신한 것

· 我要把人民币换成韩币。　　나는 인민페를 한국돈으로 바꾸려한다.

(三)　把"O" + 동사　[给]　+ 대상

· 我把火车票交给他了。　　나는 기차표를 그에게 건네 주었다.

보충예문　기본 어법 예문으로 마무리

1. 他把椅子搬到楼上去了。　　그는 의자를 윗 층에 옮겨놓았다.
2. 她把邮票贴在信封上了。　　그녀는 우표를 봉투 위에 붙였다
3. 把这个切成两块儿, 好吗?　　이것을 두 조각으로 잘라줘요.
4. 能不能把这本书借给我?　　이 책을 나에게 빌려줄 수 있나요?
5. 大家把书合起来吧!　　여러분 책을 덮으세요!
6. 把它送到我家, 好吗?　　그것을 우리집까지 배달해 주세요.
7. 把它还给你。　　그것을 너에게 돌려줄게.

Unit 14 比较句 비교문

확장연습 — 워밍업

有他	그가 있다.
有他高	그 만큼 (키가) 크다.
有他这么高	그 만큼 그렇게 (키가) 크다.
没有他这么高	그 만큼 그렇게 (키가) 크지 않다

Chant Chant — 듣기 들으며 따라 읽기

比我，比她，比爸爸，比这个，比我的，比我买的，比我买的便宜。
比我大，比她小，比爸爸快，比这个便宜，比我的贵。
比我买的贵，比我大一岁，比她小一岁，比我爸爸快。
比这个更便宜。比我的更贵。比我买的更贵。比我爸爸跑得快。

Point 학습 — 기본 어법 설명으로 다지기

비교문 (比较句)

비교문 이라고 하면 ~ 보다 比 [bǐ] 표현이 가장 기본적인 형태로 사용된다. 그러나 그외 (1) , (2) 의 형태도 서바이벌 중국어로 많이 쓰이는 구문이니 놓치지 말고 알아두자!

비교문의 긍정(肯定) 형태 :	(1) A 跟 B 一样	A 와 B는 같다.
	(2) A 有 B 那么/ 这么 ~	A는 B 만큼 ~ 하다.
	(3) A 比 B ~	A는 B 보다 ~ 하다.

비교문의 부정(否定)형태	: (1) A 跟 B 不一样	A와 B는 같지 않다.
	(2) A 没有 B 那么/ 这么~	A는 B만큼 ~하지 않다.
	(3) A 不比 B ~	A는 B보다 ~하지 않다.

참고 비교문의 부정형태로 (3) 不比 보다 (2) 没有~ 형태를 더 많이 사용한다.

- 我买的跟你买的一样。 　　　　　내가 산 것은 당신이 산 것과 같다.
- (否定) 我买的跟你买的不一样。 　내가 산 것은 너가 산 것과 다르다.
- 他有我这么高。 　　　　　　　　그는 나만큼 크다.
- (否定) 我没有你 (这么) 高。 　　나는 너만큼 크지 않다.
- 他比我跑得快。 　　　　　　　　그는 나보다 빨리 뛴다.
- 你的比我的更便宜。 　　　　　　당신 것은 내 것보다 훨씬 싸다.
- (否定1) 我的不比你的便宜。 　　내 것은 당신 것보다 싸지는 않다. (내 것과 당신 것이 가격이 같을 수도 있다. 역시 내포)
- (否定2) 我的没有你的（那么）便宜。 내 것은 당신 것만큼 그렇게 싸지 않다.

⭕ 얼마의 차이가 나는지 표현방법

- 哥哥比我大三岁。 　　　　　　　형은 나보다 3살 많다.
- 你的班比我的班少一个人。 　　　당신 반은 나의 반보다 한사람 적다.
- 他比我高一点儿。 　　　　　　　그는 나보다 좀 (키가)크다.
- 你的比我的更好。 　　　　　　　네 것은 내 것보다 훨씬 좋다.
- 今天比昨天还冷。 　　　　　　　오늘은 어제보다 더 춥다.

주의 비교문에서는 非常, 很 은 쓸 수 없다. (X) 今天比昨天非常冷。

보충예문　기본 어법 예문으로 마무리

1. 这条路没有那条路（那么）快。　이 길은 저 길보다 빠르지 않다.
2. 他比我胖两公斤。　　　　　　　그는 나보다 2kg이나 뚱뚱하다.
3. 今天没有昨天（那么）冷。　　　오늘은 어제만큼 춥지 않다.
4. 我比她大一岁。　　　　　　　　나는 그녀보다 한 살 많다.
5. 你的房间比我的房间更大。　　　너희 집이 우리 집보다 훨씬 크다.
6. 这个跟那个一样便宜。　　　　　이것은 그것과 똑같이 비싸다.
7. 比我买的好一点儿。　　　　　　내가 산 것 보다 좀 더 좋다.

Unit 15 겸어문 이란? 请, 派, 叫, 让, 被

확장연습 — 워밍업

我叫他	나는 그를 부른다.
我叫他过来	나는 그에게 오라고 했다.
请她	나는 그녀를 청한다.
我请她吃饭	나는 그녀에게 식사를 청했다

Chant Chant — 듣기 들으며 따라 읽기

请他，请我，请你，请你一起去，请你一起去吃饭，我想请你一起去吃饭。
让他，让我，让我洗，让我洗一洗，让我看一看，让我试一试。
被人，被人拿走了，手机被人拿走了，钱包被人拿走了。

Point 학습 — 기본 어법 설명으로 다지기

겸어문(兼语句)

겸어문에서 "겸"은 "겸(兼) : 겸하다" 뜻이다. 겸하고 있는 것이 무엇인지를 아래 중국어 어순 표를 참고하며 이해해보자.

중국어의 기본어순 : 주어 + 술어 + 목적어
- 我让他。 나는 그에게 시키다.
- 他学汉语。 그는 중국어를 공부한다.

겸어문 :
- 我让他学汉语。 나는 그에게 중국어 공부를 시켰다.
  我让**他** 学 汉语   "**他**"는 让의 목적어 이면서 뒤따라 오는 **学汉语** 의 주어 역할을 겸하고 있다.

겸어문 형태를 갖는 동사들

请	qǐng	~를 청하여 ~하게하다.	我请她喝酒。 我请张老师教我孩子。	나는 그녀에게 술을 샀다. 나는 장선생님께 내 아이를 부탁했다.
有	yǒu	~ 있다.	等一会有个快递送来。 有几件行李托运?	좀 있다가 배달 올 택배가 있다. 부칠 짐이 몇 개나 있죠?
派	pài	~를 파견하여 ~하게 하다.	公司派我丈夫去上海。 我派他去查看(chákàn)。	회사는 내 남편을 상해로 파견했다. 나는 그를 보내 조사시켰다.
叫	jiào	~로 하여금 ~하게하다.	妈妈叫我醒(xǐng)。 我叫他去买东西。	엄마는 나를 깨웠다. 나는 그에게 물건을 사오라고 시켰다.
让	ràng	~로 하여금 ~하게 하다.	我让阿姨接孩子。 我让他做作业。	나는 아줌마에게 아이를 픽업시켰다. 나는 그에게 숙제를 시켰다.
被	bèi	~에 ~를 당하다.	我的钱包被人偷(tōu)了。 我的衣服被他坏了。	나의 지갑은 누군가에게 도둑 맞았다. 나의 옷을 그가 망가뜨렸다.

주의 이 중에 "被 bèi "를 보자. 우리가 영어에서 말하는 수동태의 의미로서 한국어에서는 안쓰는 표현이라, 사용할 때 낯설 수 있다. 예를 들어,

*"그가 내 케이크를 먹어버렸다." 라는 문장을 중국어로 표현해보자.

그럼 당연히 먼저 생각나는 주체가 "他"일 것 이다. - 他吃了我的蛋糕。

*그러면 "(내가 먹으려고 나둔 케이크를) 그가 내 케이크를 먹어버렸다." 라는 문장을 중국어로 표현한다면?

이런 뉘앙스를 어떻게 문장에 나타낼 수 있을까?

이 때는 주체를 "나의 케이크" 로 써서 표현할 수 있다. - 我的蛋糕被他吃了。 "나의 케이크가 그에게 먹힘을 당했다." 해석이 정말 이상하다. 그래서, 이 문장 역시 "그가 내 케이크를 먹어버렸다." 고 해석한다.

한국어로 똑같이 표현되는 "그가 내 케이크를 먹어버렸다." 는 중국어로 저 두가지로 표현할 수 있으며 두 문장은 다른 뉘앙스를 전달한다.

보충예문 — 기본 어법 예문으로 마무리

1. 窗户被孩子打碎了。   애가 창문을 깨부수었다.
2. 那本书昨天被借走了。   그 책은 어제 누가 빌려갔어요.
3. 科长派我去联系。   과장이 나를 보내 연락하게 했다.
4. 老师叫我们背课文。   선생님은 우리에게 본문을 외우게 했다.
5. 我请辅导老师教孩子。   나는 과외선생님을 청해 애를 가르치도록 했다.
6. 对不起,让你久等了。   죄송해요. 당신을 오래 기다리게 했네요.
7. 我们这儿有一位姓金。   우리가 있는 곳에 김씨 성을 가진 한 분이 계시다.
8. 有没有人来?   올 사람이 있나요?

Mission DDaRa
Chinese
Adj & Verb

형용사 & 동사

Survival Mission

여러 가지 형용사 단계별로 정리

- Level 1 - 형용사
- Level 2 - 형용사: 맛 (味道 wèidào)을 나타내는 형용사
- Level 3 - 형용사

여러 가지 동사

1. 2음절 동사들

2. 이합동사

3. 주제별로 동사 모음

   - 자세와 관련된 동사
   - 인지 및 감각과 관련된 동사
   - 하다 라는 뜻과 관련된 동사
   - 사역동사와 피동사
   - 이중목적어를 갖는 동사
   - 찾다. 고르다.
   - 버리다의 뜻과 관련한 동사
   - (자료를) 내다. (돈을) 내다.
   - 보내다.
   - 청소와 관련된 동사
   - 조리와 관련된 동사
   - 정반 동사들

미션 서바이벌 형용사 & 동사

여러 가지 형용사 단계별 정리

Level 1 단계별 형용사

快	kuài	빠르다	慢	màn	느리다
贵	guì	비싸다	便宜	piányi	싸다
大	dà	크다	小	xiǎo	작다
早	zǎo	이르다	晚	wǎn	늦다
多	duō	많다	少	shǎo	적다
胖	pàng	뚱뚱하다	瘦	shòu	마르다
远	yuǎn	멀다	近	jìn	가깝다
容易	róngyì	쉽다	难	nán	어렵다
干净	gānjìng	깨끗하다	脏	zāng	더럽다
冷	lěng	춥다	热	rè	덥다
安静	ānjìng	조용하다	吵	chǎo	시끄럽다
高	gāo	(키가) 크다	矮	ǎi	(키가) 작다
长	cháng	길다	短	duǎn	짧다
好	hǎo	좋다	坏	huài	나쁘다
好吃	hǎochī	맛있다	好看	hǎokàn	보기 좋다
好听	hǎotīng	듣기 좋다	好喝	hǎohē	(음료가) 맛있다.

Level 2 단계별 형용사

忙	máng	바쁘다	闲	xián	한가롭다
新	xīn	새롭다. 새것의	旧	jiù	낡다. 오래되다
累	lèi	피곤하다	舒服	shūfu	편하다
高	gāo	높다	低	dī	낮다
重	zhòng	무겁다	轻	qīng	가볍다
漂亮	piàoliang	이쁘다	丑	chǒu	추하다
松	sōng	헐겁다	紧	jǐn	팽팽하다
老	lǎo	늙다	年轻	niánqīng	젊다
痛, 疼	tòng, téng	아프다	健康	jiànkāng	건강하다
硬	yìng	딱딱하다	软	ruǎn	부드럽다
嫩	nèn	연하다	老	lǎo	질기다
聪明	cōngming	똑똑하다	笨	bèn	멍청하다
乖	guāi	얌전하다	淘气	táoqi	장난이 심하다
有意思	yǒuyìsi	재밌다	无聊	wúliáo	심심하다 재미없다
亮	liàng	밝다	暗	àn	어둡다

◆ 맛 (味道 wèidào)을 나타내는 형용사 ◆

淡	dàn	싱겁다	咸	xián	짜다
淡	dàn	(농도가) 연하다	浓	nóng	(농도가) 진하다
酸	suān	시다	甜	tián	달다
苦	kǔ	쓰다	辣	là	맵다
涩	sè	떫다	脆	cuì	바삭하다
好吃	hǎochī	맛있다	可口	kěkǒu	입맛에 맞다

미션 서바이벌 형용사 & 동사

Level 3 단계별 형용사

勤勉	qínmiǎn	부지런하다	懒(惰)	lǎn(duò)	게으르다
香	xiāng	향기롭다	臭	chòu	악취나다
干燥	gānzào	건조하다	潮湿	cháoshī	습하다
粗	cū	굵다	细	xì	가늘다
窄	zhǎi	좁다	宽	kuān	넓다
熟悉	shúxī	익숙하다	陌生	mòshēng	낯설다
困	kùn	졸리다	渴	kě	목마르다

여러 가지 동사 정리

Verb 1 여러가지 이음절동사

收拾	shōushi	치우다	安排	ānpái	배치하다 마련하다
打扫	dǎsǎo	청소하다	知道	zīdao	알다
整理	zhěnglǐ	정리하다	预订	yùdìng	예약하다
工作	gōngzuò	일하다	联系	liánxì	연락하다
休息	xiūxi	휴식하다	告诉	gàosu	알리다
练习	liànxí	연습하다	确认	quèrèn	확인하다
复习	fùxí	복습하다	放松	fàngsōng	느슨하게 하다
预习	yùxí	예습하다	修改	xiūgǎi	(문장을)고치다
学习	xuéxí	학습하다	申请	shēnqǐng	신청하다
商量	shāngliang	상의하다	讨论	tǎolùn	토론하다
打听	dǎtīng	알아보다	小心	xiǎoxīn	조심하다
研究	yánjiū	연구하다	咨询	zīxún	문의하다

동사

Verb 2　여러가지 이합사(离合词)

이음절 동사들과 혼동하지 말자. 이합사란 형태가 2음절 동사처럼 생겼지만 사실은 V+O [동사와 목적어(=빈어)] 형태로 결합된 단어를 이합사라 한다.

형태 : 1음절 동사 단어 + 1음절 명사 단어

请//假	qǐngjià	휴가내다		跑//步	pǎobù	달리기하다
见//面	jiànmiàn	만나다		聊//天儿	liáotiānr	수다떨다
帮//忙	bāngmáng	돕다		画//画儿	huàhuàr	그림을 그리다
结//婚	jiéhūn	결혼하다		毕//业	bìyè	졸업하다
睡//觉	shuìjiào	잠자다		生//气	shēngqì	화내다
起//床	qǐchuáng	일어나다		请//客	qǐngkè	손님을 접대하다
游//泳	yóuyǒng	수영하다		说//话	shuōhuà	말하다
滑//冰	huábīng	스케이트타다		抬//头	táitóu	머리를 들다
跳//舞	tiàowǔ	춤추다		下//雨	xiàyǔ	비가 오다

Verb 3　주제별 동사 모음

자세와 관련된 동사

- 趴 pā 엎드리다
- 坐 zuò 앉다
- 站 zhàn 서다
- 走 zǒu 걷다
- 跑 pǎo 뛰다
- 跳 tiào 펄쩍펄쩍 뛰다
- 翻身 fānshēn 몸을 뒤집다
- 转身 zhuǎnshēn 몸을 돌리다

인지 및 감각과 관련된 동사

- 知道 zhīdao 알다
- 懂 dǒng 이해하다
- 明白 míngbai 명백히 알다
- 尝 cháng 맛보다
- 吃 chī 먹다
- 闻 wén 냄새맡다
- 听 tīng 듣다
- 说 shuō 말하다

하다 라는 뜻 동사

- 做 zuò 하다
- 弄 nòng 하다
- 办 bàn 처리하다
- 试 shì 시험삼아 해보다

사역과 피동사

- 让 ràng ~로 하여금 ~하게 하다
- 叫 jiào ~로 하여금 ~하게 하다
- 被 bèi ~에 당하다

미션 서바이벌 형용사 & 동사 — 동사

이중목적어를 갖는 동사
- □ 给 gěi ~에게 주다
- □ 问 wèn ~에게 묻다
- □ 教 jiāo ~에게 가르치다
- □ 告诉 gàosu ~에게 알리다
- □ 送 sòng 배달하다, (선물로)주다
- □ 找 zhǎo 거슬러 주다
- □ 通知 tōngzhī 통지하다
- □ 还 huán 보내다, 찾다, 통보하다, 돌려주다

찾다. 고르다.
- □ 找 zhǎo 찾다
- □ 查 chá 조사하다, 찾다
- □ 取 qǔ (맡긴 것을) 찾다
- □ 咨询 zīxún 문의하다
- □ 搜 sōu 검색하다
- □ 选 xuǎn 선택하다
- □ 选择 xuǎnzé 선택하다
- □ 筛选 shāixuǎn 가려내다
- □ 挑 tiāo 고르다

버리다의 뜻과 관련한 동사
- □ 忘 wàng 잊다 깜박하다
- □ 扔 rēng 버리다
- □ 丢 diū 잃어버리다
- □ 掉 diào 떨어뜨리다.(동사 뒤에 붙으면 ~해 버리다는 뜻)

(자료를) 내다. (돈을) 내다. 지불하다.
- □ 交 jiāo 제출하다, 돈을 내다
- □ 付 fù 지불하다
- □ 缴纳 jiǎonà 납부하다

보내다.
- □ 送 sòng 선물, 사람을 보내다
- □ 寄 jì 편지, 소포를 부치다
- □ 发 fā (이메일이나 메시지를) 보내다

청소와 관련된 동사
- □ 打扫 dǎsǎo 청소하다
- □ 整理 zhěnglǐ 정리하다
- □ 收拾 shōushi 치우다
- □ 擦 cā 닦다
- □ 洗 xǐ 씻다
- □ 冲 chōng 헹구다
- □ 吸 xī 먼지를 빨아들이다
- □ 抖 dǒu 털다
- □ 搓 cuō 비벼대다

조리와 관련된 동사
- □ 洗 xǐ 씻다
- □ 切 qiē 칼로 자르다
- □ 拌 bàn 무치다
- □ 煮 zhǔ 끓이다
- □ 炒 chǎo 볶다
- □ 焯 chāo 데치다
- □ 蒸 zhēng 찌다
- □ 煎 jiān 기름에 부치다
- □ 摘 zhāi 떼어내다
- □ 拍 pāi 두들기다
- □ 削皮 xiāopí 껍질을 벗기다
- □ 剥开 bōkāi 껍질을 까다

정반 동사들
- □ 开 kāi 열다, 키다 ↔ 关 guān 닫다, 끄다
- □ 拉 lā 당기다 ↔ 推 tuī 밀다
- □ 买 mǎi 사다 ↔ 卖 mài 팔다
- □ 拿 ná 들다 ↔ 放 fàng 두다
- □ 穿 chuān 입다 ↔ 脱 tuō 벗다
- □ 存 cún 맡기다 ↔ 取 qǔ 찾다

패턴 그대로 따라하기 해답편

Answer 第一课

1. 这么做，行不行(= 可不可以)？
2. 报名的学生都到齐了。
3. 快放假了。
4. 你要找的东西到底是什么？
5. 你还没买(的话)，明天就跟我一起去买，怎么样（=好吗）？

Answer 第二课

1. 按个子高矮排队！
2. 怎么找我十块？
3. 教室里有多少人？
4. 你自己打电话投诉吧！

Answer 第三课

1. 先（往）右拐，马上(就)（往）左拐。
2. 进学校去（的时候），需要学生卡。
3. 怎么快，怎么走吧！
4. 我今天哪儿都不想去。
5. 好像都坐满了！

Answer 第四课

1. 先点这么多，不够（的话）（就）再点吧！
2. 用剪刀剪一下。
3. 上一个半小时课。
4. 你可不可以帮我接孩子？

Answer 第五课

1. 上次没有这么迟到。
2. 他说得有点儿奇怪。
3. 你打扫得怎么这么干净！
4. 看起来，他是从香港来的。
5. 给我拿大一号的。

Answer 第六课

1. 我让阿姨去交电费。
2. 等一会儿再开始吧！
3. 我听不懂，尽量慢一点儿说，好吗？
4. 我明天会在家的。
5. 如果不合适（héshì），明天过来换，可以吗？
   明天可以过来换吗？

Answer 第七课

1. 你得3点以前送过来。
2. 我觉得他是踢得最好的（人）。
3. 便宜一点儿，好吗？
4. 他跑过来了。
5. 阿姨没关上门。（= 阿姨没把门关上。）

Answer 第八课

1. 你自己找个东西玩一玩。
2. 她干（做）得怎么样？ 干（做）得干净吗？
3. 以前一次也没看过。
4. 他越喜欢我，我越不喜欢他。
   (그가 나를 좋아하면 할수록, 나는 그가 싫어진다.)
5. 千万别骗我。

Answer   第九课

1. 他还没申请呢。
2. 你怎么把它做成这个样子呢!
3. 盒子干好了,再收起来吧!
4. 我回了家,就准备晚饭。

Answer   第十课

1. 你是不是记错了?
2. 我开不开窗户。
3. 我抓住了他的手。
4. 我家的自行车被人偷走了。
5. 我最近一学习就困了。 困(kùn)

Answer   第十一课

1. 哪有这么(=那么)便宜的。
2. 我每天学习一个小时汉语。
3. 我跟他聊了三个小时天儿了。
4. 我一次也没吃过香菜。
5. 祝您一路平安。

Answer   第十二课

1. 你要多少?
2. 你记得我吗?
3. 下星期才能回来。
4. 我一天看两部电影。
5. 我把"大"字看成"太"字了。

Answer　第十四课

1. 毕了业，就会找工作的。
2. 我要把这件礼物寄到她家。
3. 如果他不回来（的话），怎么办？
4. 把你的名字写在黑板上。

Answer　第十五课

1. 跟他说明说明做法。
2. 给我看一下你的护照。
3. 我也只有一个，不能借给你。
4. 你缝得太随便了。

Answer　第十六课

1. 一个一个擦一下。
2. 堆在一起。
3. 请您多多关照（=指教）我孩子。
4. 我几天前打电话预定好了，您再查一下我的名字。

미션체크 연습문제 해답편

제1과 Mission Check 답안

1. 1) jìkǒu 2) tuījiàn 3) cuī 4) shàngqíle 5) xūyào

2. 1) 好像 ~
   ① 好像有点儿淡。
   ② 好像有点儿奇怪。
   2) 快~ 了
   ① 快吃完了。
   ② 快到了。
   3) 这么多?
   ① 点这么多。
   ② 准备这么多。

3. dān / tào / diào / qǔ / gòu

4. 1) 满 2) 少(=差) 3) 快 4) 的话,(就) 5) 好像 6) 这么多

제2과 Mission Check 답안

1. 1) yǐnliào 2) língqián 3) xùbēi 4) shuākǎ 5) yōuhuì

2. 1) 替 / 按 / 除了 ~ 以外
   ① 我替他来的。
   ② 按人收费。
   2) 给, 告诉, 教, 送, 问, 找 (거슬러주다) …
   ① 告诉我他的手机号码。
   ② 找我3快。

3. tuō / qiǎo / xù / líng / dào

4. 1) 壶 2) 少 3) 找 4) 喝, 带走 5) 办 6) 自己

제3과 Mission Check 답안

1. 1) guǎi 2) diàotóu 3) hónglǜdēng 4) dǔchē 5) ràolù

2. 1) 再 ~ 点儿
   ① 再走一点儿/ 再熟一点儿/ 再加一点儿
   ② 再大一点儿/ 再便宜一点儿
   2) 随便, 哪儿都可以 (=行)。
   ① 中国菜谁都喜欢。
   ② (在)这儿什么都可以选吗?

3. kào / jià / dǐ / zū / dǔ

4. 1) 靠, 靠 2) 一直, 底 3) 离 4) 怎么, 怎么 5) 开 6) 好像

제4과 Mission Check 답안

1. 1) shōushi 2) gàosu 3) qǐngjià 4) chōng /xǐ/ zhǔ/ pào/ cā 5) shǐjìn

2. 1) 你帮我 ~
   ① 你帮我收快递。
   ② 你帮我接孩子。
   2) 一定要~
   ① 下次一定要小心。
   ② 一定要按时上班。

3. Jià/ shōu / jìng / fěn / quán

4. 1) 提前 2) 用 3) 一个星期, 一次 4) 请, 假 5) 用抹布 6) 起来

Answer 　　　　**제5과 Mission Check 답안**

1. 1) dàizi　　2) zhǎngjià　　3) kuǎnshì　　4) yánsè　　5) páizi
2. 1) 没有这么~
   ① 上次没有这么痛（＝疼）。
   ② 去年没有这么累。
   2) 跟（=和）～一样（不一样）
   ① 跟我的不一样。
   ② 跟上次买的一样。
3. chēng / wàng / jī / jiè / shì
4. 1) 看起来　2) 这么　3) 忘带　4) 最低　5) 介绍　6) 小一号的

Answer 　　　　**제6과 Mission Check 답안**

1. 1) jiē　　2) jǐnliàng　　3) fēnkāi　　4) cún　　5) zhuāng
2. 1) ～让…
   ① 让阿姨接孩子。
   ② 让孩子接电话。
   2) 存在～
   ① 存在一楼。
   ② 存在前台。
3. jiē / dài / zhuāng / liú / xiàn
4. 1) 接　2) 马上，多长时间　3) 会～的　4) 分开　5) 套　6) 如果

Answer 　　　　**제7과 Mission Check 답안**

1. 1) zúdǐ　　2) ānpái　　3) tuō　　4) máotǎn　　5) xiūjiǎo
2. 1) ～得好的。
   ① 按得好的/ 说得好的
   ② 菜做得好的　字写得好的
   2) 先趴着吧！
   ① 先坐着等吧！
   ② 躺着休息吧！
3. xiū / tǎn / jì / fān / suān
4. 1) 要脱　2) 按得好的　3) 轻　4) 趴　5) 烫，再加　6) 修

Answer 　　　　**제8과 Mission Check 답안**

1. 1) guāi　　2) fǔdǎo　　3) tángāngqín　　4) xiūgǎi　　5) rènzhēn
2. 1) ~ 得…
   ① 学得好吗？
   ② 弹钢琴弹得好吗？
   2) 越来越~
   ① 越来越冷了。
   ② 吃香菜越来越习惯了。
3. fǔ / liàn / yuè / zhào / zhāng
4. 1) 注意　2) 找　3) 千万　4) 关照　5) 一点儿　6) 越来越

해답편 • 325

제9과 Mission Check 답안

1. 1) cānjīnzhǐ   2) chè   3) qiē   4) jǐ   5) lěngdòng

2. 1) 把 ～切成…
    ① 把这个切成丝。
    ② 把这个分成两袋儿。
   2) 到了就…
    ① 下了课就回家了。
    ② 做了作业就可以休息。

3. shèng / yōu / luó / shū / rēng

4. 1) 起来   2) 切成   3) 还没～呢   4) 了，就   5) 成   6) 剩的

제10과 Mission Check 답안

1. 1) tūrán   2) wèir   3) nuǎnhuo   4) suǒ   5) ānzhuāng

2. 1) 一 ～ 就…
    ① 一回家就给我打电话。
    ② 一开空调就有声音。
   2) 开不开
    ① 三点到不了。
    ② 来不及。

3. liáng / pái / sōng / què / xiū

4. 1) 停   2) 修   3) 都湿   4) 上不了   5) 开，开（=了）   6) 漏

제11과 Mission Check 답안

1. 1) guàhào   2) liáng   3) lìhai   4) zuòshǒushù   5) tuìshāoyào

2. 1) 吃一个星期药
    ① 上一个星期课。
    ② 病了一个星期。
   2) V 过
    ① 去过。 没去过。
    ② 一次也没去过。

3. guà / liáng / shāo / bǎo / téng

4. 1) 挂号   2) 舒服   3) 三次   4) 多喝，多   5) 保重   6) 了，了

제12과 Mission Check 답안

1. 1) kāihù   2) cúnqián   3) guàshī   4) diūkǎ   5) duǎnxìn

2. 1) 记得
    ① 你记得我的名字吗？
    ② 我记得这是五十块。
   2) 才
    ① 一个星期以后，才能取到快递。
    ② 我孩子四点才回来。

3. zhuǎn / chá / xún / kuǎn / jì

4. 1) 复印   2) 输入   3) 才能   4) 签名   5) 一天   6) 填写

제13과 Mission Check 답안

1. 1) gǎitiān   2) shuài   3) hánjù   4) yōumò   5) zǐcài

2. 1) 来中国多长时间了？ 2) 你会做中国菜吗？
   ① 来中国已经三年了。   ① 我会做中国菜。
   ② 结婚多长时间了？   ② 不会（做）。
   ③ 结婚已经十年了。   ③ 会一点儿。

3. gǎi / shuài / pái / gē / cái

4. 1) 才，多   2) 今天打扮   3) 长得   4) 明星   5) 改天   6) 比较

제14과 Mission Check 답안

1. 1) jì   2) fāduǎnxìn   3) tiē   4) cháxún   5) bāoguǒ

2. 1) 寄到哪？   2) 到了就打电话！
   ① 贴在哪儿？   ① 到了就发短信！
   ② 发给你短信吧！   ② 吃了就走吧！

3. jì / shōu / yùn / tuō / qiān

4. 1) 到首尔多少钱？   2) 了，就   3) 拿出来   4) 放在信箱里   5) 把，寄到   6) 带好(=拿好)

제15과 Mission Check 답안

1. 1) cānguān   2) zīxún   3) shāngliang   4) yàngběn(pǐn)   5) suíbiàn

2. 1) 给我做一下   2) 缝得很随便。
   ① 给我挑一下   ① 擦得很随便。
   ② 给我看一下   ② 写得很随便。

3. kǎo / shāng / cái / tiāo / kòu

4. 1) 定做   2) 缝   3) 录取   4) 次数   5) 试听   6) 有事了，来不及

제16과 Mission Check 답안

1. 1) tuōyùn   2) suì   3) kàochuāng   4) shēngcāng   5) yùyuē(=dìng)

2. 1) 连在一起   2) 请
   ① 坐在一起   ① 请你吃饭！
   ② 放在一起   ② 请你喝酒！

3. chāo / suì / lián / hán / shēn

4. 1) 一个一个   2) 位置   3) 申请了   4) 转   5) 易   6) 收，免

미션따라 중국어
Survival 현지생활편

초판 1쇄 2018년 8월 8일
초판 3쇄 2021년 3월 8일

지은이 이미선
펴낸이 이미선
펴낸곳 MS북스
편 집 이은하
디자인 박선경

주 소 서울특별시 동작구 상도로 346-2
전 화 02-823-4050
등록일 2017년 12월 20일
등록번호 제 2017-000092호

ISBN 979-11-963397-0-8
가격은 뒷표지에 있습니다.

이메일 mschinese@naver.com
홈페이지 www.msbooks.co.kr

ⓒ 2018 이미선 All rights reserved
※ 잘못된 책은 구입한 서점에서 바꾸어 드립니다.
※ 저작권자의 동의 없이 이 책의 내용과 그림을 무단으로 복제하거나 전재하는 것을 금합니다.